Ullstein

ÜBER DAS BUCH:

Irina Ehrenburgs Leben umfaßt beinahe das gesamte russische Jahrhundert. Als Kind durchleidet sie die Wirren und wirtschaftlichen Nöte der Bürgerkriegsjahre. In den zwanziger Jahren lebt sie in Paris, kehrt nach dem Psychologiestudium 1933 nach Moskau zurück. Während des Zweiten Weltkriegs gerät ihr Mann in den Kiewer Kessel und gilt als vermißt; Irina Ehrenburg arbeitet als Kriegskorrespondentin, nimmt ein jüdisches Waisenmädchen auf. Dies sind nur einige Stationen des bewegten Lebens einer exemplarischen Zeitzeugin unseres Jahrhunderts – in ihrer Moskauer Wohnung, umgeben von der berühmten Gemäldesammlung ihres Vaters Ilja Ehrenburg, hat sie in lakonischem Stil und mit viel Anmut und Witz ihre Biographie erzählt.

DIE AUTORIN:

Irina Ehrenburg, Tochter von Ilja Ehrenburg, wurde 1911 in Nizza geboren, lebte 1923 bis 1933 in Paris. Studium der Psychologie an der Sorbonne. 1933 Rückkehr nach Moskau. Sie schildert ihr wechselvolles Leben von der Zeit der Revolution und des Stalinismus bis hin zu den jüngsten Jahren der Umwälzung.

Irina Ehrenburg

So habe ich gelebt

Erinnerungen aus dem 20. Jahrhundert

Herausgegeben und aus dem Russischen
übersetzt von Antje Leetz

Ullstein

Ullstein Buchverlage GmbH,
Berlin
Taschenbuchnummer: 33225

Ungekürzte Ausgabe
November 1997

Umschlaggestaltung:
Simone Fischer & Christof Berndt
Fotos: Privatbesitz

Printed in Germany 1997
Gesamtherstellung:
Ebner Ulm
ISBN 3 548 33225 0

Das Gedicht von Boris Lapin auf Seite 54
wurde von Wolf-Dietrich Keil aus dem
Russischen übertragen

Gedruckt auf alterungs-
beständigem Papier mit
chlorfrei gebleichtem Zellstoff

Die Deutsche Bibliothek – CIP-Einheitsaufnahme

Erenburg, Irina I.:
So habe ich gelebt: Erinnerungen
aus dem 20. Jahrhundert/ Irina Ehrenburg.
Hrsg. und aus dem Russ. übers. von Antje Leetz.
[Das Gedicht von Boris Lapin auf S. 54 wurde
von Wolf-Dietrich Keil aus dem Russ. übertr.]. –
Ungekürzte Ausg. – Berlin: Ullstein, 1997
(Ullstein-Buch; Nr. 33225)
ISBN 3-548-33225-0

Inhalt

Wie dieses Buch entstand
Vorbemerkung

Wann habe ich sie eigentlich zum ersten Mal gesehen? Ich glaube, das war 1973, als ich in Moskau in Sachen ihres Vaters, des Schriftstellers Ilja Ehrenburg, für einen deutschen Verlag Fotos bei ihr abholen sollte.

Einige Jahre darauf kam sie nach Berlin, wo sich alle jungen Männer in sie verliebten. Ich habe sie aus dieser Zeit als große, jugendlich wirkende, elegante Frau in Erinnerung, mit angenehm tiefer Stimme, charmant lächelnden Augen, pausenlos rauchend, das Jackett über die Schultern geworfen, die Beine übereinandergeschlagen.

Dabei war sie damals schon Anfang Siebzig.

Und in Wirklichkeit war sie gar nicht hoch gewachsen, eher schmal und knabenhaft zart. Ich hatte sie falsch in Erinnerung behalten. Oder hatte das Alter sie so verändert?

Aber sie qualmt wie ein Schlot bis heute, da sie 83 ist, und elegant sieht sie immer noch aus, nur bemerkt sie die Zigarettenlöcher in ihrer vornehmen französischen Bluse nicht mehr, oder will sie nicht bemerken: »Ich habe eben nur solche Blusen. C'est la vie.« Und manchmal leuchtet in ihren jetzt blaßblauen, traurigen Augen noch ein Fünkchen auf. Manchmal.

Sie ist eine besondere Moskauer Erscheinung. In keiner anderen Stadt traf ich so schöne und kluge und großherzige alte Frauen, die diesen Zauber ausstrahlen.

Später habe ich Irina oft gesehen, als ich von 1985 bis 1988 drei Jahre in Moskau arbeitete. Da saß ich in ihrer Küche und hörte selbstvergessen den Erzählungen über ihr Leben zu. Es war, als gäbe es zwischen uns keine 46 Jahre Altersunterschied, auch keinen Unterschied in der Sprache, obwohl ich Deutsche bin und Irina mein Volk wegen der schrecklichen Kriegserfahrung ganz offensichtlich nicht sehr mag.

Wie in eine andere Welt versetzt fühlte ich mich in ihrer bereits zur Legende gewordenen kleinen Parterrewohnung in der Krasnoarmejskaja-Straße – eine mir sehr sympathische Mischung von russischem Chaos und französischer Boheme, bis obenhin vollgestopft mit Büchern in Russisch, Französisch, Deutsch, an den Wänden dicht an dicht Originalbilder von Matisse, Picasso, Chagall, Robert Falk, Tyschler . . .

Der aufreibende Moskauer Alltag rückte weit weg. Und auch meine geschichts- und gesichtslose provinzielle DDR-Biographie, bei der ich mir angesichts des Schicksals anderer immer vorkam wie ein Treibhauspflänzchen. Eine typische Empfindung meiner Generation, der nach dem Krieg Geborenen, die mit dem trügerischen Gefühl groß geworden ist, für alle Zeit behütet zu sein und sich um ihre Existenz nicht kümmern zu müssen. Das Wort Geschichte war für uns ein abstrakter Begriff aus dem Lehrbuch – es geschah ja nichts, jedenfalls nichts Einschneidendes, das Leben floß gleichmäßig dahin – geplant und eintönig. Damals. Heute hat die Geschichte auch uns in ihren Strudel gezogen.

Die Leute, die am Küchenfenster vorbeihasteten, bemerkte ich bei Irinas Erzählungen gar nicht mehr. Ich hörte ihr mit offenem Mund zu, immer in Angst, das alles zu verlieren: Die Geschichte von Irinas Mann Borja, der, seit September 1941 vermißt, wahrscheinlich seinen Freund und sich im Kessel von Kiew erschoß, um nicht den Deutschen in die Hände zu fallen. Und die Geschichte von dem zwölfjährigen jüdischen Waisenmädchen Fanja, das 1944 von Irina Ehrenburg an Tochters Statt adoptiert wurde und das glaubte, Stalin persönlich habe es gerettet. Oder die Geschichte vom deutschen Großvater Otto Schmidt aus Petersburg, der nach der Revolution seine Fleischerei, seine Häuser und seine Söhne verlor und, erblindet und verwirrt, auf der Straße nach Nägeln tastete, um alles wieder neu aufzubauen. Er ist wohl während der Leningrader Blockade verhungert.

Das alles mußte ich irgendwie bannen, auf Tonband, auf Papier, irgendwie. Irinas Stimme, ihre Art zu erzählen.

Als Irina Ehrenburg von meiner Idee hörte, ihre Geschichten aufzuzeichnen, reagierte sie skeptisch. Wer würde sich schon für ihr Leben interessieren? Ja, wenn ich sie zu ihrem berühmten Vater, dem Schriftsteller Ilja Ehrenburg, befragte ... Über ihn habe sie schon viele Interviews gegeben – aber ich wollte ihn nur ganz am Rande erwähnen. Ilja Ehrenburg, in den zwanziger Jahren Stammgast der Berliner »Prager Diele«, war damals schon in Deutschland durch seine Romane *Julio Jurenito*, *Trust D. E.*, *Der Raffer* (auch *Michael Lykow*) und den Erzählungsband *Die dreizehn Pfeifen* bekannt, die alle im berühmten Malik Verlag erschienen waren. 1954 veröffentlichte er die Novelle *Tauwetter*, die der antistalinistischen Zeit in der Sowjetunion ihren Namen gab, in den sechziger Jahren erregte er durch seine Memoiren *Menschen Jahre Leben* Aufsehen. Obwohl er heute als Schriftsteller und politischer Akteur unterschiedlich bewertet wird, ist man sich darüber einig, daß er ein »Mensch dieses Jahrhunderts« und sein Werk eine Enzyklopädie der Epoche ist.

Im Februar 1991 bin ich zum ersten Mal mit meinem Aufnahmegerät zu ihr gekommen, im Laufe der nächsten zwei Jahre sollten noch viele Sitzungen folgen.

Zuerst hatte ich große Angst, die vertraute, freundliche Atmosphäre der Küche mit den vielen Kochtöpfen, den buntbemalten Holzbrettern an der Wand, dem geschnitzten Bauerntisch, an dem wir Tee getrunken und geraucht hatten, würde verlorengehen, wenn wir in dem Arbeitszimmer mit den hohen Bücherschränken – der strenge Geist des Vaters etwas gemildert durch das bohemehafte Durcheinander – die Technik einschalteten ...

Bestimmt kam einiges von der vorherigen Unbefangenheit abhanden. Deshalb legte ich beim Übersetzen besonderen Wert auf Irina Ehrenburgs typisch lakonischen Stil, um den spröden, etwas laxen Charakter ihrer mündlichen Erzählung zu bewahren. Doch ihre rauhe, zugleich mädchenhaft wirkende Stimme ist auf dem Band geblieben. Meine Fragen habe ich im vorliegenden Text zurückgenommen, sie waren mehr oder weniger nur ein Vehikel, um Irina zum Reden zu bringen.

Im Frühjahr 1993 gab mir Irina Ehrenburg ein Kriegstagebuch, das sie von 1941 bis zum Nürnberger Prozeß geführt hatte – ich sollte es bitte mit aufnehmen. Das sei ein echtes Zeitdokument, sie habe es bisher nicht veröffentlichen dürfen, es sei ein wichtiger Teil ihres Lebens. Ein trauriger Teil: Von der ersten bis zur letzten Seite spricht Irina Ehrenburg in Gedanken mit ihrem geliebten Mann, den sie gleich in den ersten Kriegsmonaten verlor und dessen Tod sie lange Zeit nicht fassen konnte. Für ihn waren die Berichte über die Evakuierung Moskaus gedacht, über die Arbeit als Journalistin an der Front für die kleine jüdische Armeezeitung *Wir vernichten den Feind*, über den Moskauer Kriegsalltag.

Irina Ehrenburg ist ein besonderer Fall. Sie wurde – als Russin jüdischer und deutscher Abstammung – in Frankreich geboren und hat dort, mit Unterbrechungen, viele Jahre vor allem in Paris gewohnt und an der Sorbonne studiert. Die längste Zeit ihres Lebens aber hat sie in Rußland verbracht, wo sie als Psychologin arbeitete, bis die Psychologie als »Pseudowissenschaft« von Stalin verboten wurde, worauf sie als Journalistin und Übersetzerin tätig war.

Der Westen, die französische Sprache sind ihr vertraut, ihr Zuhause ist jedoch die russische Kultur, das russische Leben. Mit Moskau, diesem lärmenden Moloch – der »grausamsten Stadt Rußlands«, wie sie sagt, ist ihr Schicksal verbunden, ein Schicksal, das sich über ein ganzes Jahrhundert erstreckt.

Berlin, im Oktober 1994
Antje Leetz

So habe ich gelebt

Kindheit
Revolution in Rußland

Ich wurde am 25. März 1911 in Südfrankreich, in Nizza, geboren. Meine Mutter gab bei offiziellen sowjetischen Stellen als meinen Geburtsort immer Leningrad an, sie hatte Angst vor der Sowjetmacht.

Warum ich in Frankreich geboren bin und nicht in Rußland? Ganz einfach, mein Vater, Ilja Grigorjewitsch Ehrenburg, und meine Mutter, Katharina Schmidt, lebten 1911 in Frankreich. Meine Mutter war von ihrem reichen Vater zum Medizinstudium von Petersburg nach Paris geschickt worden. Und Ilja Ehrenburg war 1908 aus Rußland nach Frankreich geflohen – nach der gescheiterten Revolution von 1905 und seinem Moskauer Gefängnisaufenthalt wegen Untergrundarbeit mit seinem Schulfreund Nikolai Bucharin, der in den zwanziger Jahren in der Sowjetunion hohe Funktionen innehatte und 1938 unter Stalin zum Tode verurteilt wurde. In Frankreich lernten Ilja und meine Mutter einander kennen, und dann kam ich.

Ich bin ein uneheliches Kind. Im Laufe meines Lebens hatte ich drei Nachnamen. Mein erster Name war Schmidt, nach meiner Mutter, dann hieß ich Sorokina, nach meinem Stiefvater Tichon Sorokin, und zuletzt Ehrenburg, nach meinem Vater. Als ich heiratete, wollte mein Mann Boris Lapin, daß ich seinen Namen annehme, aber ich wollte keinen vierten.

Meine Eltern waren beide noch sehr jung, als ich zur Welt kam, gerade zwanzig. Ich besitze zwei Fotos aus dieser Zeit: mein Vater mit langen Haaren – Ilja, der Zottelkopf – und meine Mutter mit Dutt. Ich bin auch noch deshalb ein seltener Fall, weil ich 1991, selbst schon achtzig, den hundertsten Geburtstag meines Vater gefeiert habe.

Als ich geboren wurde, wohnten in Nizza meine Mutter, Ilja

Ehrenburg und mein zukünftiger Stiefvater Tichon Iwanowitsch Sorokin, der ebenfalls in Frankreich studierte – und zwar Kunstgeschichte. Wir lebten mit vielen Freunden zusammen in einem zweistöckigen Haus, in einer Art Kommune. Dort wohnte zum Beispiel auch die spätere Frau des mexikanischen Malers Diego Rivera, Marianne.

Als ich noch ganz klein war, verließ meine Mutter Ehrenburg und ging zu Sorokin. Meinen Stiefvater Tichon Sorokin habe ich mein ganzes Leben »Papa« genannt; als ich klein war, dachte ich, er sei mein richtiger Vater. Und meinen Vater nannte ich »Ilja«, bis zum Schluß. Die drei hatten es nicht für nötig gehalten, mir zu erklären, wer von den beiden Männern mein Vater ist. Später bin ich selbst dahintergekommen. Ich habe in Moskau in der Kommode meiner Mutter Briefe von Ilja gefunden, aus denen ich erfuhr, wie alles abgelaufen war: daß meine Mutter Ilja verlassen hatte und er mein richtiger Vater ist. Als ich das las, war ich nicht mal besonders verwundert. Ich habe es als etwas Gegebenes hingenommen. Die Kommode ist übrigens im Zweiten Weltkrieg verbrannt, und so hätte ich womöglich nie erfahren, wie es gewesen ist.

Noch während des Ersten Weltkrieges fuhren meine Mutter und ich nach Rußland. Meine Mutter war eine Patriotin. Und ich betrat zum ersten Mal russischen Boden. Die Revolution hatte begonnen. Wir waren mit einem Dampfer des Roten Kreuzes gefahren, der nur Frauen und Kinder mitnahm, merkwürdigerweise über London nach Petersburg. Hier lebten wir bei meinen Großeltern, die nicht gerade erfreut waren, als meine Mutter mit einem unehelichen Kind heimkam, dazu noch von einem Juden. Ihr Medizinstudium hatte meine Mutter auch hingeschmissen. Wir lebten in dem Villenort Lesnoje bei Petersburg, wo mein Großvater mehrere Häuser besaß. In Petersburg wurde ich getauft. Meine Stirn wurde mit Wasser benetzt, und ich bekam ein Kreuz geschenkt. Ehrenburg wartete vor der Kirche auf mich, er führte mich in eine Konditorei und sagte: »Du kannst so viel Kuchen essen, wie du willst.« Ich tat ihm wohl leid.

Später zogen meine Mutter, Sorokin und ich nach Moskau,

Mit dem Stiefvater Tichon Sorokin. Nizza 1914

wo wir bis zu unserer Flucht vor den Roten lebten. Ich weiß noch genau, wie mein Stiefvater Sorokin aus Moskau verschwinden mußte. Er war Sozialrevolutionär. Zunächst gingen wir nach Tiflis. Dort wurde 1918 meine Schwester Natascha geboren. Aus Tiflis ist Sorokin dann gleich nach Wladikawkas weitergeflohen, immer vor den Roten davon. Und wir hinterher, zu Fuß über die georgische Heerstraße. Doch auch in Wladikawkas war Sorokin bald nicht mehr sicher, wieder floh er, und wir wieder hinterher, nachts, meine Mutter mit dem Neugeborenen auf dem Arm.

In Wladikawkas begann unsere Hungerzeit. Ich weiß noch, mit welcher Wehmut ich zugesehen habe, wie meine kleine Schwester Natascha den Nuckel mit der wertvollen weißen Flüssigkeit ausspuckte. Einer der Erwachenen sagte: »So eine Gemeinheit. Hier hungern die Kinder, und in der Stadt baden sie in Milch!« Ich hatte einmal in Petersburg bei meiner Großmutter in der Wanne gesessen, und nun stellte ich mir vor, wie eine vollbusige Frau mit rosigem Körper in sahnige Milch taucht und sie wie ein Hündchen aufleckt.

Dann kamen wir in den nördlichen Kaukasus, in die Kosakenstaniza Jekaterinogradskaja.

Das war im Sommer 1918. Meine Mutter sollte dort in der Schule unterrichten. Doch bis zum Herbst, das heißt bis zum Schulbeginn, mußte sie sich auf andere Weise ihr Geld verdienen. Sie fuhr regelmäßig mit dem Zug in die Stadt Mosdok, auf den Markt zum Tauschen.

In Jekaterinogradskaja lebten reiche Kosaken, und wir Flüchtlinge waren alle arm. Für unsere Armut verachteten uns die Kosaken, sie verachteten die Flüchtlinge, weil sie Städter waren und nicht wußten, was körperliche Arbeit ist.

Einmal kehrte meine Mutter sehr spät aus Mosdok heim. Sie brachte Papa mit ... Sorokin hatte in Mosdok auf dem Bahnhof gelegen, seinen unvermeidlichen Filzhut auf dem Kopf. Trotz der großen Hitze hatte er Schüttelfrost. Meine Mutter, beladen mit Natascha und einem Weinfäßchen, hatte ihn bis zum Zug geschleppt. Die ganze Zeit, während wir auf ihn warteten, hatte er mit Typhus im Krankenhaus gelegen. Als ich in dem borstigen Vagabunden meinen Papa erkannte, wollte ich mich ihm an den Hals werfen, doch er wehrte mit kläglicher, leiser Stimme ab: »Nicht, Irischa, ich bin krank. Ich habe Rückfalltyphus.«

Und ich hatte gedacht, jetzt ist mein Papa wieder da, jetzt wird alles wieder gut. Doch statt dessen stürzte eine Unmenge neuer Sorgen auf mich ein. Meine Mutter fuhr nach wie vor in die Stadt, sie hatte keine Milch mehr, und so blieb Natascha, die sie sonst immer mitgenommen hatte, bei mir zu Hause. Ich mußte also mein Schwesterchen ernähren, und Papa, der zum Kind geworden war. Er jammerte die ganze Zeit herum und verlangte von mir weiße Brötchen und Sahne, Sachen, die ich längst aus meinem Gedächtnis gestrichen hatte. Ich gab mir Mühe, ihn abzulenken, ich erzählte ihm Märchen, die ich früher von ihm gehört hatte. Und das erstaunlichste dabei war, er hörte aufmerksam zu . . .

Im Herbst mußte mein Vater wieder fliehen. Die Rotarmisten waren in die Staniza gekommen und nahmen bei uns eine Hausdurchsuchung vor. Da lag mein Vater wie ein kleines Kind im Bett, er konnte weder sprechen noch aufstehen. Das ist typisch für Typhus, diese Infantilität. Ilja erzählte mir, auch Ljubow Michailowna, meine Stiefmutter, wurde kindisch, als sie auf der Krim an Typhus erkrankte. Davon erholt man sich aber wieder. Als Papa zu Kräften gekommen war, fuhr er gleich weg. Erst in Naltschik, das liegt auch im Nordkaukasus, sah ich ihn wieder.

Im Herbst renovierte meine Mutter mit den Eltern der Kinder die Schule. Es mußten Fensterscheiben eingesetzt werden. Solange gestrichen wurde, unterrichtete meine Mutter im Freien, auf dem Schulhof. Auf diese Weise konnte ich mit Natascha auf dem Arm am Unterricht teilnehmen. Ich lernte das Einmaleins auswendig und das »Vaterunser« und erfuhr, daß die Erde sich dreht. Hier brach meine Schulbildung ab, denn die Renovierung war abgeschlossen, und die Kinder zogen in die Klassenräume ein. In mir erwachte Neid. Alle durften lernen, nur ich mußte auf mein Schwesterchen aufpassen. Da stürzte ich mich gierig auf alle möglichen Bücher, was gerade da war . . .

Meine Lektüre war sehr merkwürdig. So habe ich zum Beispiel mit neun Jahren Dostojewski gelesen, den ich seitdem, bis auf den heutigen Tag, nicht ausstehen kann. Ilja mochte ihn übrigens auch nicht, wie ich jetzt erfahren habe. Ich war viel zu jung, als ich Dostojewski las, und das kam so: Meine Mutter war nach Mosdok gefahren, um getrocknete Aprikosen gegen Mehl und Milch für uns einzutauschen. Von dort brachte sie die Kinderzeitschrift *Swetlitschok* (Glühwürmchen) und alte Bücher mit, darunter auch Mamin-Sibirjak, einen russischen Romancier aus dem 19. Jahrhundert, den heute keiner mehr kennt und den ich sehr mochte. Und Dostojewski brachte sie mit. Sicher, um ihn selbst zu lesen. Und ich habe das alles verschlungen. Ich begann, Dostojewski zu hassen. Offensichtlich war diese Lektüre noch nichts für mich. Später, in meiner »normalen« Kindheit in Moskau, habe ich dann solche Autoren wie Mark Twain gelesen.

Eine Nachts rüttelte mich meine Mutter wach. Sie bat mich, Anfissa, ein altes Weib, zu holen. »Sie weiß Bescheid.« Draußen war es stockdunkel, aber ich mußte meiner Mutter gehorchen. In der Morgendämmerung begann meine Mutter, die sich mit Anfissa im Zimmer eingeschlossen hatte, so zu schreien, daß ich, mit meiner zweijährigen Schwester Natascha auf dem Arm, losheulte. Doch meine Schwester, die nichts begriff, verlangte zu essen. Ich zischte sie an und war empört, wie konnte sie an Essen denken, während unsere Mutter stirbt. Schließlich ließ man uns ins Zimmer. Meine Mutter war nicht tot, das war das wichtigste, und daß ich ein Brüderchen bekommen hatte, das interessierte mich anfangs überhaupt nicht.

Serjoscha erwies sich als ein sehr lustiges Brüderchen. Er hatte lange schwarze Haare und war trotz des Hungers dick. Meine Mutter beauftragte mich, Papa ein Telegramm zu schicken: »Serjoscha ist angekommen.« Offenbar genierte sie sich, das Wort »geboren« zu gebrauchen. Dem kleinen Serjoscha blieb die Bekanntschaft mit unserem harten Dasein nicht erspart.

Als ich losrannte, um Sorokin das Telegramm über das freudige Ereignis zu schicken, zog ich mir einen Splitter in den Fuß, ich ging doch immer noch barfuß. Meine Mutter hatte Kindbettfieber, vierzig Grad. Und ich bekam eine Sepsis am Bein. Der Feldscher kam – einen Arzt gab es in der Staniza nicht – und sagte: »Wenn das Eitergeschwür bis morgen nicht aufgeht, müssen wir das Bein abnehmen, sonst stirbst du.« Ich war damals neun. Meine kleine Schwester Natascha, die wegen Unterernährung noch nicht laufen konnte, kletterte aufs Bett und hopste auf mir herum. Dabei spang sie auf mein Bein, und die Eiterbeule platzte. Der Feldscher hätte die Eiterbeule einfach öffnen müssen, aber das hat er nicht gewußt.

Meine Mutter lag also mit vierzig Grad Fieber bewußtlos im Bett. Die Temperatur stieg immer in der zweiten Tageshälfte. Morgens ging es ihr etwas besser, und sie kochte für uns. Doch wir hatten kein Wasser. Weder ich noch meine Mutter konnten zum Brunnen gehen. Wir hatten bei Kosaken ein Zimmer gemietet. Die Kosaken werden ja heute bei uns in den Himmel gehoben, doch ich habe noch immer eine große Wut auf sie. Unsere waren sehr reich, sie hatten zwei Häuser. Sie dachten gar nicht daran, für uns Wasser zu holen. Eine Lehrerin ging vorbei – in dieser Staniza lebten viele Intellektuelle, die aus den Städten geflüchtet waren –, ich klopfte von innen gegen das Fenster, und sie kam ins Haus, ich sagte ihr, wir hätten kein Wasser. Drei Tage saßen wir ohne Wasser da. So etwas kann man nicht so leicht verzeihen.

Der Basar in dieser Staniza war ungeheuer üppig. Wir Kinder liefen immer hin und klauten. Wir hungrigen Kinder. Dort gab es alles, was man sich denken kann. Die Kosaken lebten gut. Es gab allerdings auch welche, die hungerten.

Die ersten Wochen, die wir in der Staniza wohnten, trug ich auf Anweisung meiner Mutter Unterhosen. Keines der Dorfmädchen hatte welche an, und sie hoben mein Kleid hoch und nannten mich »Städterin«. Und als einmal von unserer Wäscheleine meine Unterhosen geklaut wurden, war ich sehr glücklich. Ich war jetzt ein richtiges Dorfmädchen geworden.

Ich weiß noch, wie ich einmal meiner Mutter einen Zuckerhut gestohlen habe. Den hatte sie für die Geburt meines Bruders aufgehoben. Fürs Stillen, um mehr Muttermilch zu haben. Ich ging zum Fluß und habe den ganzen Zuckerhut aufgegessen. Mit einem Stein habe ich ihn zerhackt, dann gegessen und

Flußwasser nachgetrunken. Genauso wie ich einmal auf einen Schlag zwölf Eier gegessen habe, die ich zu Ostern fand. Ich kann bis heute kein gekochtes Ei sehen. Ich hatte eine Eiweißvergiftung.

Einmal brachte meine Mutter aus Mosdok ein Fäßchen Rotwein mit, das sie in der Staniza gegen etwas zu essen eintauschen wollte. Sie mußte aber gleich wieder in die Stadt fahren. Eine Käuferin kam zu uns und bat mich, ihr einen Krug Wein zu verkaufen. Ich beschloß, meiner Mutter mit meiner Geschäftstüchtigkeit eine Freude zu machen. Ich hatte gesehen, wie sie den Wein aus dem Fäßchen zapfte: Sie steckte einen Gummischlauch ins Faß und saugte den Wein an, das Ende des Schlauches hielt sie dann in den leeren Krug, der tiefer als das Weinfaß stand. Es klappte alles, die Frau sagte, die Bezahlung würde sie mit meiner Mutter regeln, und ging. Ich gab meinen Geschwistern etwas zu essen, und plötzlich erinnerte ich mich an den süßen Geschmack des Weins. Ich hatte Lust, noch ein wenig davon zu kosten. Wahrscheinlich habe ich gar nicht viel getrunken, der Wein schmeckte mir nicht. Doch als meine Mutter zurückkam, erzählten ihr die Nachbarn, ich sei schwankend durchs Dorf gezogen und hätte gesungen. Alle hatten mich gesehen, doch keiner wußte, wo ich war. Als meine Mutter nach langem Suchen zu dem Schluß kam, daß ich im Fluß ertrunken sei, und losheulte, begriff meine Schwester Natascha plötzlich, daß man mich suchte. Lakonisch sagte sie: »Irischa schläft«, und zeigte mit dem Fingerchen unters Bett. Ich bekam eine Ohrfeige, doch sicher war mein Zustand nach dem Erwachen schon Strafe genug.

Anfang der dreißiger Jahre wurde die Kosakenstaniza entkulakisiert. Kurz danach war ich noch einmal dort, Sorokin hatte mich hingeschickt, da war ich schon verheiratet, ich sollte ihm dort irgendwelche Papiere besorgen, die er als Nachweis brauchte. Ich kam und sah, daß alle Häuser zugenagelt waren. Die Fenster waren mit Brettern verrammelt. Um die Häuser streiften Kinder mit dicken Bäuchen und dünnen Beinen. Ich wußte, das kam vom Hunger. Ich erinnere mich, wie ich abends zum Lagerfeuer ging. Dort saßen die Kolchosbauern. Sie brieten Kartoffeln im Feuer und erzählten mir, die ganze Staniza sei nach Sibirien verbannt, ein Teil der Kosaken erschossen worden. Mir taten die »Kulaken«, wie in der Sprache der Agitation die Kosaken abwertend genannt wurden, leid, obwohl ich mich noch gut an meine hungrige Kindheit in dieser einst so wohlhabenden Staniza erinnern konnte.

Was später aus diesem Ort geworden ist, weiß ich nicht. Die Staniza war sehr groß. Die Kinder, die jetzt dort herumliefen, waren Kinder von armen Menschen, die zurückgeblieben waren. Aber zu essen hatten sie nichts, denn niemand bestellte die Felder.

Es war ein sehr fruchtbarer Ort gewesen. Wunderbare Aprikosen wuchsen dort. Das weiß ich noch genau, denn wir klauten die Aprikosen von den Dächern herunter, dort lagen sie zum Trocknen aus. Wir klauten ganz raffiniert, so daß es keiner merkte. Wir ordneten die Aprikosen neu, damit keine Lücken entstanden. Auch der Weizen stand sehr hoch. Ich erinnere mich noch, wie Heuschrecken über die Felder herfielen. Erst sah ich, wie eine Wolke den Himmel verdunkelte, dann setzte sich diese Wolke aufs Weizenfeld und flog nach einiger Zeit wieder hoch. Das Feld war völlig kahl. Das habe ich mit eigenen Augen gesehen.

Die Staniza lag mitten in der Steppe. In der Nähe war eine Eisenbahnstation, doch die Züge fuhren sehr unregelmäßig. War meine Mutter zur Station gegangen, mußte ich zu Hause auf das Pfeifen der Lokomotive achten. Wenn lange kein Zug kam, hieß das, meine Mutter sitzt immer noch auf der Station, hungrig. Dann mußte ich ihr abgekochtes Wasser und etwas zu essen bringen. Das Wasser habe ich über dieses große Weizenfeld getragen. Doch ich habe es nie bis zur Station gebracht, weil ich unterwegs Durst bekam. Und Hunger. Und alles, was ich ihr bringen sollte, habe ich unterwegs aufgegessen und ausgetrunken.

Merkwürdig, meine Mutter war evangelisch, ich jedoch wurde auf dem Dorf orthodox. Ich ging regelmäßig zur Kirche. Ich fastete, ich habe alle kirchlichen Feiertage eingehalten. Als einzige in der Familie. Ich habe wirklich an Gott geglaubt. Ich stellte mir vor, wie der liebe Gott oben im Himmel waltet und schaltet. Wie er die Erde begießt oder auch nicht. Kinderphantasien. Und meine Sünden habe ich gebeichtet. Ich erinnere mich, wie ich zum Popen ging und ihm die Sache mit dem Zuckerhut berichtete. Als ich später in Paris lebte, bin ich auch noch in die russische Kirche gegangen. Doch bald war es mit meiner Gläubigkeit vorbei. Entweder gefiel mir der Pope dort nicht, oder die Zeit war gekommen, wo ich mehr brauchte als Religion.

Dann kann ich noch erzählen, wie ich einmal nachts mit meinen beiden kleinen Geschwistern allein geblieben bin. Meine Mutter war in die Stadt gefahren, um etwas zu tauschen, und hatte es offensichtlich nicht mehr geschafft, vor dem Dunkelwerden zurückzukehren. Unser Haus stand direkt am Kirchplatz. In dieser Nacht kletterte eine Verrückte auf den Kirchturm und heulte immerzu. Es war stockdunkel. Und ich war allein mit meinem neugeborenen Bruder und meiner zweijährigen Schwester. Ich mußte sie schützen. Ich kann mich erinnern, wie ich den Tisch und die Stühle umwarf und vor die Tür stellte, ich hatte schreckliche Angst. Die ganze Nacht hat sie geheult, die Verrückte, erst gegen Morgen wurde sie heruntergeholt. Gegen Morgen kehrte auch meine Mutter heim. Ich kam mir vor wie eine richtige Heldin.

In unserer Staniza lebte noch eine verrückte Alte. Sie besaß ein einstöckiges Steinhaus, das in einem verwilderten Garten stand. Von der Straße aus konnte man nur das zerlöcherte Dach sehen. Diese Mutter dreier Offiziere hatte den Verstand verloren, als auch ihr letzter Sohn eingezogen und, wie seine beiden Brüder, erschossen wurde oder im Kampf fiel. Ihr Mann war bereits zu Anfang des Ersten Weltkrieges an der Front umgekommen. Manchmal erschien die Alte in einem schwarzen Spitzenkleid mit hohem Kragen auf dem Basar. Sie ging majestätisch durch die Reihen und hielt stolz ein grellfarbenes Kissen in der Hand und verkündete laut: »Zwei Pfund Mehl.« Wenn sie etwas getauscht hatte, ging sie wieder nach Hause, um sich lange Zeit nicht mehr zu zeigen. Nie war jemand in ihrem Haus gewesen. Uns Kinder reizte ihr geheimnisvolles Leben. Und eines Tages sammelte sich eine Kinderschar – wir warteten einen günstigen Moment ab, als die Generalsfrau weggegangen war, und kletterten in ihr Haus. So einen Verfall hatte ich noch nie gesehen. Die mit Moos bewachsenen Steinstufen wackelten, die Wohnungstür hing nur noch an einer Angel, Decken und Wände waren voller Spinnweben, auf dem Boden lag abgebröckelter Putz, es roch nach Schimmel, und es war kalt wie in einem Kellerloch. Wir waren ganz still vor Entsetzen, und ich wollte gehen. Vorsichtig über das faulige Parkett balancierend, strichen wir durch die leeren Zimmer. Das riesige Bett, ein Überbleibsel von vergangenem Luxus, war mit einem schmutzigen Atlasüberwurf zugedeckt. Mehr Möbel gab es im Haus nicht, sicher hatte die Generalsfrau alles verheizt. An der Schlafzimmerwand hingen drei Fotos von jungen Offizieren, darunter stand auf dem Fußboden eine Vase mit frischen Astern. Diese Blumen erinnerten mich an die Sonne, das Leben, und wir rannten fröhlich aus diesem Totenreich weg. Seit dieser Zeit riefen wir niemals mehr der Generalsfrau hinterher: »Ehemalige, Ehemalige, wo sind deine Söhne?« Doch sie hat das sicher gar nicht bemerkt. Ihr war ganz egal, was um sie herum geschah. Viele Jahrzehnte sind seitdem vergangen, doch ich habe immer noch Mitleid mit ihr.

Von Jekaterinogradskaja zogen wir zunächst zu meinem Stiefvater nach Naltschik. Hier traten meine Eltern einer Landwirtschaftsgenossenschaft bei. Aber von Landwirtschaft verstanden sie nicht das geringste, sie wußten nicht mal, daß Kartoffeln in breiten Nestern wachsen, und ernteten immer nur ein paar kleine Knollen. Wir Kinder freuten uns über das, was »übrigblieb«.

Ungeachtet der landwirtschaftlichen Mißerfolge schaffte meine Mutter Enten an, und eine schenkte sie mir. In unserem Garten war ein kleiner Teich, und die Enten schwammen graziös auf ihm herum. Mein Entchen war ein Erpel, wie sich herausstellte. Er kam immer zu mir gerannt, wenn ich ihn rief.

Nach Petrograd und Moskau

Von Naltschik zogen wir alle zusammen nach Petrograd, das heißt in den Vorort Lesnoje, wieder zu meinen Großeltern und zu meiner Tante Eleonore. Das war 1921 oder 1922. Mit den Jahreszahlen steht's bei mir schlecht. Wir fuhren sehr lange mit dem Zug, zwei Wochen. Wir hatten all unsere Enten und Hühner mitgenommen, meine Mutter hatte sie geschlachtet und geräuchert. Dabei hatte sie auch meinen Enterich getötet. Das habe ich meiner Mutter nie verziehen.

Ich fuhr im Gepäcknetz, wo es mir mit der Zeit sehr langweilig wurde. Ich holte meine Schwester zu mir herauf und erzählte ihr Märchen, ich ahmte einen Löwen nach, einen Tiger und einen Wolf und brachte Natascha zum Heulen. Das war eine meiner Lieblingsbeschäftigungen. Ich bekam eine Ohrfeige, und meine Mutter holte Natascha zu sich herunter. Ich versprach, daß ich so etwas nicht wieder tun würde, doch das nächste Mal brachte ich sie wieder zum Heulen.

Meine arme Mutter. Wieder war sie allein unterwegs, wieder ohne Mann und ohne jede Hilfe, mit drei Kindern. Endlich kamen wir in Petrograd an. Niemand holte uns ab. Der Zug war eine Woche zu spät gekommen. Meine Mutter wurde nervös. Wir hatten eine Unmenge Gepäck dabei, und für einen Kutscher reichte das Geld nicht. Nach Lesnoje, wo meine Großeltern wohnten, fuhr eine Straßenbahn. Doch mit dem vielen Gepäck hätten wir es nicht geschafft. Ich schlug meiner Mutter vor, daß sie mit Natascha und Serjoscha vorfahren sollte und ich mit einem Karren und dem Gepäck nachkäme. Meine Mutter gab dem Eigentümer des Karrens die Adresse in Lesnoje, und mir flüsterte sie ins Ohr, daß ich schreien solle, wenn der Alte etwas von mir wollte. Wir waren barfuß und kamen nach dem warmen Klima im Kaukasus direkt in den rauhen Petrograder Winter. Mama gab mir ihre Socken. Der Alte zog mit dem Karren los und befahl mir, hinterherzugehen und aufzupassen, daß nichts runterfalle. Solange wir durch die Stadt liefen, schaute ich mich neugierig nach allen Seiten um, doch dann kamen wir auf verschneite Felder, und mir fielen Mamas Worte ein. Ringsum keine Menschenseele. Der Schnee flog mir in Mund und Augen, der Wind kroch mir unter den Mantel, meine Hände wurden steif, und ich bat den Alten, er solle mich auf den Karren setzen, doch er entgegnete, dann würde ich erfrieren. Er befahl mir, den Karren zu schieben. Vor Angst und Kälte leise weinend, gehorchte ich ihm. Wir liefen und liefen. Einmal tauchten die Lichter von irgendeiner Baustelle auf, doch dann war es wieder stockdunkel und Lesnoje immer noch nicht in Sicht. Als wir endlich ankamen, küßte mich Mama von oben bis unten ab, als hätten wir uns jahrelang nicht gesehen. Meine Tante Eleonore, noch blutjung, rieb mich ab und war entsetzt über meine Magerkeit – nur Haut und Knochen –, über meine weiß gewordenen Finger und Zehen. Und sie war begeistert, wie groß ich schon war und daß ich russisch sprechen konnte, sie hatte immer noch das kleine französische Mädchen in Erinnerung, das einstmals aus Paris gekommen war. Und ich hatte glatt vergessen, daß ich meine ersten sechs Lebensjahre in Frankreich verbracht hatte.

In Lesnoje waren wir sehr lange. Wir erhielten Pakete von der amerikanischen Organisation ARA, die Anfang der Zwanziger Hilfsgüter nach Rußland schickte. Ich erinnere mich noch an das weiße Mehl und an einen Kasten mit Aquarellfarben. Ich glaube, die Pakete hat Ilja damals schicken lassen und dafür Valuta bezahlt.

Als mein Papa, Sorokin, kam, sind wir nach Petrograd umgezogen. Es fand ein Familienrat statt, auf dem vor allem Papa sprach. Er war der Meinung, ich müßte in eine Schule gehen. Er brachte mich in die Alferowski-Schule, wo ich bei den Aufnahmeprüfungen durchfiel. Er war empört: »Sie hat schon so viel gelesen, sie kennt das Einmaleins, kann schreiben, aber den Herren reichen die Schriftsteller nicht, die ein neunjähriges Mädchen gelesen hat, sie stoßen sich daran, daß das Mädchen nur Druckbuchstaben kann. Doch sie vergessen, wo sie herkommt!« Den Zorn meines Papas teilten Tante Eleonore und ihr Mann völlig. Meine Mutter gab mich in eine Privatschule.

Wir wohnten auf der Fontanka, in einer riesigen Wohnung mit vielen Zimmern, doch nur ein Zimmer war zu benutzen. Dort stand ein Eisenöfchen, eine sogenannte Burschuika, mit einem langen Rohr. Aus diesem langen Rohr tropfte eine schwarze Flüssigkeit, die man nicht ausspülen konnte, unsere ganze Wäsche, die wir an den Ofen zum Trocknen hängten, war voll davon. Doch dafür war es warm im Zimmer. Die Privatklasse wurde von dem Ehepaar Stanjukowitsch geleitet, das ebenfalls auf der Fontanka wohnte, neben dem ehenmaligen Haus des Grafen Scheremetjew. Die schöne gelbe Villa war geschlossen, es sollte dort ein Museum entstehen. In einem Flügel lebte eine seltsame Dame. Sie war hochgewachsen, mager, in einen schwarzen Schal gehüllt und zeichnete sich durch ihre stolze Haltung aus. Deshalb nannte ich sie die »Königin«. Stanjukowitsch erzählte mir einmal, sie schreibe Gedichte und heiße Anna Achmatowa. Achmatowas Gedichte las ich erst viel später und lernte sie selbst nach meiner Rückkehr aus Paris, im Jahre 1933, kennen.

Mit meiner Tante Eleonore und meiner Schwester Natascha ging ich einmal in das Märchenstück *Das bucklige Pferdchen*. Ich war völlig gefangen von dem, was auf der Bühne passierte, und rannte plötzlich vor und schrie: »Das geht nicht! Das ist ungerecht!« Man konnte mich nur mit Mühe beruhigen. In diesem Augenblick begann meine Freundschaft mit den Schauspielern. Ich durfte mit meinen Freunden zu den Proben kommen und mir die Kostümwerkstatt ansehen. Meine Freunde hatten das Theater bald satt, doch ich blieb ihm treu bis zu meinem Umzug nach Moskau.

Als Ilja nach Moskau zurückkehrte, zog ich zu ihm, allein. Ich lernte ihn aufs neue kennen. Ich war damals elf. Aus dieser Zeit stammt das Foto, wo ich im gestreiften Kleid auf Iljas Schoß sitze – eine dünne Bohnenstange. Ich wohnte damals mit Ilja in der Kriwokolenny-Gasse, der Schiefkniegasse, bei meinen Tanten, Iljas Schwestern. Meine Mutter kam später nach und bezog eine Wohnung in der Prototschny-Gasse, der Abflußgasse. Dorthin zog auch Sorokin. Er war nun nicht mehr auf der Flucht, sondern arbeitete beim Torgsin, das war

Mit Ilja Ehrenburg. Moskau 1922

die sowjetische Organisation für den Handel mit dem kapitalistischen Ausland, so etwas Ähnliches wie später die Berjoska-Läden. Sorokin hatte keine Angst mehr vor den Bolschwiki. Direktorin vom Torgsin war die Frau von Kamenew, der damals neben Sinowjew und Stalin Mitglied der sowjetischen Führungstroika war und 1936 hingerichtet wurde. Sorokin war Kunstwissenschaftler. Er hatte sich auf alte russische Kunst spezialisiert, besonders auf Ikonen. Über das Torgsin wurden auch Ikonen ins westliche Ausland verkauft. Die schönsten wollte Sorokin für Rußland retten. Er versteckte sie in unserer Wohnung in der Abflußgasse – ich lebte um diese Zeit wieder bei ihnen. Im Krieg sind die Ikonen dann alle verbrannt, als eine Bombe auf unser Haus fiel.

Im Sommer gab mich meine Mutter in eine Ballettgruppe, eine Filiale des Tanzstudios von Isadora Duncan. Die Leiterin war eine sehr nette Frau. Über das Volksbildungskommissariat bekam sie ein Sommerhaus bei Moskau und brachte viele Kinder dort unter. Wir liefen barfuß in Tutus herum. Zu Anfang hatten wir weder Stühle noch Tische. Die haben wir dann alle selbst gebaut. Und einen Ballettsaal eingerichtet. Morgens hatten wir künstlerische Gymnastik und Choreographie. Ich habe dort gelernt, wie man eine Brücke macht, eine Rolle und wie man springt. Nach dem Unterricht gab es Frühstück, wir aßen alles auf, was uns für den ganzen Tag zustand. Nach dem Frühstück begannen die Proben, an denen nur ein kleiner Teil von uns Kindern teilnahm, die anderen badeten im Fluß oder gingen »anschaffen«, mit anderen Worten – sie klauten Obst und Gemüse fürs Abendessen. Eigentlich war uns das streng verboten, aber wir waren so vorsichtig, daß wir niemals am Tatort erwischt wurden. Trotzdem hatten die »Tänzer«, wie man uns nannte, im Ort einen schlechten Ruf.

Unsere Leiterin kannte nur ein Ziel – uns durchzufüttern, deswegen gaben wir abends Vorstellungen in den umliegenden Dörfern, die Schüler der Ballettgruppe tanzten, die übrigen fertigten primitive Dekorationen an und halfen ihren Kameraden beim Umziehen, sagten Gedichte auf und führten akrobatische Kunststückchen vor. Man bezahlte uns mit Lebensmitteln.

Vor der Abfahrt nach Paris
Moskau 1923

Vor meiner Abfahrt nach Paris, wo ich dann zehn Jahre leben sollte, wohnte ich in Moskau in der berühmten Abflußgasse. Das heißt, so bekannt war die Gasse gar nicht, eine ganz gewöhnliche alte Moskauer Straße im Stadtkern. Sie ist dann durch den Roman meines Vaters Ilja Ehrenburg, *In der Abflußgasse*, berühmt geworden.

Zur Schule bin ich in dieser Zeit noch nicht gegangen. Zur Schule kam ich erst mit zwölf Jahren in Paris.

Allerdings ging ich in Moskau ein paar Monate in eine sehr merkwürdige Einrichtung, wo nach dem Dalton-Plan unterrichtet wurde, einer in den zwanziger Jahren im revolutionären Rußland beliebten Schulform. Dort gab es ein Schülerkomitee, wir bestimmten selbst, was für Unterrichtsstunden wir haben wollten. Die Lehrer hörten tatsächlich auf das, was die Schüler sagten. Schauen Sie mal nach, was das ist: Dalton-Plan. Viele wissen davon heute nichts mehr. Inwieweit die Lehrer eine Ausbildung hatten? Keine Ahnung. In der Französischstunde schrieb der Lehrer zwei, drei Wörter an die Tafel, die mußten wir abschreiben und darunter ein Bildchen malen, das ihre Bedeutung erklärte. In der Geographiestunde sollten wir eine Stadt kneten, Berge und komischerweise auch das Polarlicht. Ich machte aus Pappe ein Dorf, das die Mäuse auffraßen. Es gab nur einen Lehrer, der den Dalton-Plan nicht anerkannte und mit uns ernsthaften Mathematikunterricht trieb. Er gab uns Aufgaben auf mit irgendwelchen Rohren, aus denen Wasser fließt, mit Zügen, die einander entgegenfahren. All das erschien uns sehr langweilig, und das Schülerkomitee entließ diesen Lehrer. Ich kann mich noch erinnern, daß wir Theater spielten. Auch ich hatte eine Rolle. Aber weil ich meinen Bruder oder meine Schwester geärgert hatte, sagte meine Mutter: »Dafür kommen wir nicht zur Vorstellung.« Ich dachte, sie kämen trotzdem. Aber sie erschienen nicht. Meine Mutter war sehr streng. In dieser Schule gab es keine Klassen, sondern Gruppen. Ich glaube, es lernten sogar Mädchen und Jungen zusammen. Es gab noch keine Schulkleidung. Etwa drei Monate besuchte ich diese Schule.

In Frankreich bin ich dann in eine richtige Mädchenschule gekommen, in das katholische »Collège Sévigné«. Kurz danach kam ich aber in eine Knabenschule, wo seit kurzem auch Mädchen aufgenommen wurden. Das war eine liberale Schule.

Ich war ja noch relativ klein, als ich von Moskau nach Paris zog, gerade mal zwölf Jahre alt. Deshalb kann ich mich nicht mehr an alles in Moskau erinnern, aber noch sehr gut an den

Strastnoi Boulevard. An das Puschkin-Denkmal auf der anderen Seite der Twerskaja, nicht da, wo es heute steht. Aber ich weiß nicht mehr, wann das war. Denn als ich 1933 aus Paris zurückkam, hatte sich vergleichsweise wenig verändert – weshalb die beiden Zeitabschnitte sich bestimmt in meiner Erinnerung vermischen. Das Iljinski-Tor gab es noch. Ebenso den Markt in der Karwoche an der Kremlmauer, wo alles mögliche verkauft wurde, Kerzen, Süßigkeiten, Kleider, Spielzeug. Aber wann das war?

Woran ich mich noch sehr gut erinnere, das ist die NÖP, die Zeit der Neuen Ökonomischen Politik, Anfang der Zwanziger von Lenin initiiert, in der der Handel wieder aufblühte. Wir waren aus unserer armseligen Staniza nach Moskau gekommen und furchtbar ausgehungert. Ich weiß noch, wie ich den Ochotny Rjad, die Jägerreihe, hinunterging. Den späteren Karl-Marx-Prospekt. Heute heißt er wieder Ochotny Rjad. Und dort, wo sich nun das Hotel »Moskwa« befindet, standen kleine Häuschen mit Kellerläden. Ich erinnere mich an einen Bäckerladen, in dem eine goldgelbe Chala ausgestellt war. Chala – das ist so etwas Ähnliches wie ein Französischer Zopf. Ich stand davor, und mir lief das Wasser im Mund zusammen. Meine Mutter konnte die Chala nicht kaufen.

Zu dieser Zeit wohnte ich bei meiner Tante Schenja, Iljas Schwester, in der Kriwokolenny-Gasse, in einer riesigen Gemeinschaftswohnung. Tante Schenja war mit einem NÖP-Mann verheiratet. Er verkaufte für eine Manufaktur und hatte ständig Angst, eingesperrt zu werden. Daran kann ich mich noch genau erinnern. Er kratzte sich immer ganz schrecklich. Reine Nervensache. Seine Haut löste sich im wahrsten Sinne des Wortes in Fetzen vom Körper. Und mein Cousin und ich lachten über ihn. Das war wirklich ein komischer Anblick: Mein Onkel läuft in langen Unterhosen rum und kratzt sich unentwegt. Meine zweite Tante – mein Vater Ilja hatte drei Schwestern: Manja, Schenja und Bella, von Manja erzählte man, sie sei sehr schön, aber verrückt, Schenja war sehr dumm, und Bella war eine Intellektuelle und half Ilja, seine Gedichte abzuschreiben, die drei Schwestern hielten sehr zusammen, Ilja stand ein wenig abseits, er war der Jüngste –, meine zweite Tante also, Schenja, verkaufte Sacharin auf der Sucharewka. Die Sucharewka war ein riesengroßer Basar auf dem heutigen Kolchosnaja Ploschtschad, dem Kolchosplatz, auf dem damals vor allem Schwarzhändler standen.

Hier in Moskau begann ich auch »normale« Kinderliteratur zu lesen. Es kam zum Beispiel Mark Twain in einer billigen kartonierten Ausgabe heraus. Mein Cousin Jurka und ich rannten zum Kiosk und kauften uns das Buch.

Wo ich eigentlich lesen gelernt habe, weiß ich nicht mehr. Wahrscheinlich hat es mir mein Stiefvater beigebracht. Sorokin war sehr gut zu mir. Er hat sich viel Zeit für mich genommen.

Solch einen Stiefvater gibt es auf der Welt kein zweites Mal. Bis heute glaube ich, daß er mich mehr liebte als seine eigenen Kinder, meine Schwester Natascha und meinen Bruder Serjoscha. Er verwöhnte mich sehr, ich tat ihm leid. Er begriff, daß ich keine Kindheit hatte. Einmal hat er mir in Tiflis aus Streichholzschachteln ein großes Schloß gebaut und mit Buntpapier beklebt und so getan, als hätte Väterchen Frost es mir gebracht. In Jekaterinogradskaja hat er mir eine Puppe genäht aus den Lappen, die er in unserem Haus fand. Deshalb habe ich mich so gewundert und gedacht, Gott habe genauso eine Manufaktur wie wir. Weil ich die Lappen ja alle wiedererkannte.

Mir scheint, daß Sorokin keinen einzigen bösen Gedanken haben konnte. Solch einen Menschen findet man selten auf der Welt. Über alle sprach er gut, bei jedem fand er einen lauteren Charakterzug. Und wenn ihn jemand betrog, was öfter vorkam, dann sagte er nur: »Dieser Dreckskerl.« Das war das schlimmste Schimpfwort, das er kannte. Meine Mutter sägte ihm immer auf den Nerven herum, er verdiene zuwenig, er sei kein richtiger Mann, weil er im Haus nichts reparieren könne. Er war ein abstrakt denkender Mensch. Die alte russische Malerei mochte er sehr. An das sowjetische Leben hat er sich nie gewöhnen können. Er machte seine Arbeit und erhielt seinen Lohn und lebte in einer imaginären Welt. Sein ganzes Leben hat er davon geträumt, einmal ins Kloster des heiligen Ferapont nach Nordrußland zu fahren, und ist nie hingekommen.

Nach Berlin

1923 fuhr ich also, zwölfjährig, über Berlin nach Paris. Meine Mutter und Ilja hatten beschlossen, ich solle in Paris etwas lernen. Von der Moskauer Schule hielt meine Mutter nichts. Und auch ich wollte etwas Ernsthaftes lernen. Außerdem war ich sehr froh, von meiner Familie wegzukommen. Später, in Paris, hatte ich dann schreckliche Sehnsucht nach meiner Mutter und habe jeden Abend geweint.

Zunächst fuhr ich nach Berlin. Bucharin, der damals Redakteur der Zeitung *Iswestija* war, gab mir eine Bescheinigung, daß ich die Tochter von Ilja Ehrenburg sei, und auf diese Weise bekam ich Dokumente zur Ausreise nach Deutschland. Ilja lebte damals mit seiner neuen Frau Ljubow Michailowna in Berlin. Ich erinnere mich noch, wie mich meine Familie in Moskau zum Bahnhof brachte und bemitleidete. Doch ich war glücklich. Ich fuhr allein, obwohl ich erst zwölf war und kein Wort Deutsch sprach. Ich fuhr im Schlafwagen und hatte mich nicht auf das richtige Bett gelegt, nachts rüttelte mich der deutsche Schlafwagenschaffner wach und schrie mich an. Ich verstand kein Wort, bis mir dämmerte, daß ich wahrscheinlich nach oben umziehen sollte.

In Berlin bin ich auf dem falschen Bahnhof ausgestiegen. Mein Vater erwartete mich am Bahnhof Zoo. Doch ich ließ mich nicht beirren, nahm eine Droschke und fuhr in die Pension, in der Ilja wohnte. Ich hatte einen Zettel mit seiner Adresse dabei. Ilja und Ljuba empfingen mich in heller Aufregung.

Mein Vater hatte meine Stiefmutter Ljubow Michailowna nicht gefragt, ob ich bei ihnen wohnen könne. Deshalb nahm sie mich sehr unfreundlich auf. So etwas bringen nur Männer fertig . . . Die Frau nicht zu fragen, ob man das Mädchen zu sich nehmen darf. Das Mädchen, das völlig verlaust ankam. Das heißt, verlaust war ich nicht mehr, dafür kahlgeschoren. Ein Mädchen, das an den Füßen statt Schuhen Pappe trug.

Ich weiß noch, wie wir in Berlin in ein Schuhgeschäft gingen, um mir ein Paar Schuhe zu kaufen. Auf dem Dorf im Nordkaukasus bin ich immer barfuß gegangen, meine Füße waren breit geworden und Freiheit gewohnt – mir paßte kein Schuh. Meine Stiefmutter war sehr ungehalten. Da haben wir schließlich irgend etwas gekauft. Und ich sagte: »Aber meine Pappschuhe nehme ich mit.« Das hat sie sehr aufgebracht. Sie sagte: »Na gut, wir nehmen sie mit. Wir können sie schließlich nicht im Laden liegenlassen. Aber draußen werfen wir sie in den Abfallkorb. Wir können sie doch nicht mit nach Hause schleppen.« Aber ich wollte sie partout behalten. Ich war fest davon überzeugt, daß wir sie aufheben müßten.

An Berlin kann ich mich kaum erinnern, wir fuhren ja gleich weiter nach Belgien. Von Belgien wollte Ehrenburg nach Frankreich, bekam aber lange Zeit kein Visum. Doch von alldem habe ich wenig behalten, ich war noch zu jung. Hier ist ein Foto: mit meinen Tanten am Meer in Belgien. In Spa.

1930 war ich noch einmal in Berlin, im Rahmen eines Studentenaustauschs, von Paris aus. Mein Vater gab einem deutschen Studenten in Paris Geld zum Leben, und ich kam in eine deutsche Familie, die komischerweise auch Schmidt hieß, wie meine Mutter. Gewohnt habe ich in einem ganz vornehmen Berliner Vorort, in Grünau. Die Familie war offensichtlich sehr reich. Mich hat geärgert, daß sie abends immer nur belegte Brote aßen. Überhaupt hat mir nach dem guten Pariser Essen in Berlin überhaupt nichts geschmeckt. Außerdem habe ich mich über die jungen Männer geärgert, die mir den Hof machten. In dieser Zeit hatte ich viele Verehrer. Das mag man heute nicht mehr glauben, jetzt, da ich so alt geworden bin. Die jungen Männer in Berlin allerdings waren sehr plump, kein Vergleich zu den Franzosen. Die Franzosen machen einer Frau ganz anders den Hof. Die Deutschen wollten gleich alles haben. Sie haben mir auf den Po gehauen. Die Franzosen flirten ganz anders, wenn ihnen ein Mädchen gefällt, sie stellen sich

Mit der Stiefmutter Ljubow Michailowna (2. v. links) und Ilja Ehrenburgs Schwestern in Spa, Belgien. 1924

ihr zum Beispiel in den Weg und lassen sie nicht durch, aber sehr liebevoll. Trotzdem bin ich mit den deutschen Jungen tanzen gegangen. Später habe ich begriffen, daß das wahrscheinlich die zukünftige Hitlerjugend war, zumindest ein Teil von ihnen.

Von Berlin habe ich kaum etwas gesehen, weil die Familie mich zum Französischlernen benutzte. Sie wollten nicht Deutsch mit mir reden. Deshalb hat mir der Aufenthalt wenig genutzt. Ich habe kein Wort Deutsch gelernt, obwohl ich drei Monate in Berlin wohnte. Ich habe einige Male angedeutet, daß sie doch eigentlich deutsch mit mir reden müßten, aber sie wollten nur französisch sprechen. Sie wußten auch, daß ich eine Russin bin. Sie waren sehr freundlich zu mir. Obwohl mir das damals bereits egal war, ich war schon recht erwachsen und selbständig.

Paris

In Paris habe ich zuerst bei meinem Vater und meiner Stiefmutter gewohnt. Sie hatten auf dem Boulevard Saint-Michel ein Atelier mit zwei Zimmern gemietet. Ich wohnte in einer Art Kammer mit Glasdach. Wir hatten eine Aufwartefrau, die uns auch Mittagessen kochte. Ich kam mittags aus der Schule nach Hause. Die Schule war dort merkwürdig eingerichtet. Wir hatten morgens von acht bis zwölf Uhr Unterricht, dann bis zwei Uhr Pause und dann wieder von zwei bis vier Unterricht. Und in diesen zwei Stunden kam ich nach Hause gerannt, aß etwas und rannte wieder zurück. Doch meine Eltern hatten dieses regelmäßige Familienleben bald satt, das heißt jeden Tag am Mittagstisch sitzen usw. Sie selbst gingen lieber in irgendein Restaurant. Mein Vater haßte Familienleben. So suchten sie für mich eine neue Unterkunft, so eine Art Hotel. Dort lebte ich allein. Nein, zuerst kam ich zu meinen Tanten. Meine Tanten, die Schwestern meines Vaters, waren auch nach Paris gezogen. Bei denen lebte ich nun und aß auch dort. Das war ein richtiges Familienleben. Doch diesmal war ich es, die es nicht mehr aushielt. Die eine Tante war sehr gut, die andere – die Mutter meines Cousins Jurka – sehr dumm. Sie galt als Schönheit, war aber nicht nur dumm, sondern hatte auch noch einen schlechten Charakter. Ihr Mann, der NÖP-Mann aus Moskau, der sich immer vor lauter Angst kratzte, hatte sie verlassen, er war nach Lodz gegangen. Er war ein polnischer Jude. Was aus ihm geworden ist, ob er umgekommen ist, weiß ich nicht. Diese Tante hatte immer etwas an mir auszusetzen, und ich flehte meinen Vater an, mich allein leben zu lassen. Er bezahlte also für mich ein Zimmer in einem Hotel. Wo ich damals zu Mittag gegessen habe, weiß ich nicht mehr. Ich glaube, in der Schule. Die »École Alsacienne« war ein Halbpensionat. Ja, jetzt erinnere ich mich, wir bekamen dort Mittagessen. Uns wurde Wein gereicht. Eine Karaffe Wein und eine Karaffe Wasser. Doch wir hielten uns natürlich nur an die Weinkaraffe, das Wasser ließen wir stehen. Die zwei Stunden Mittagspause verbrachte ich also in der Schule. Das heißt, ich war den ganzen Tag dort.

In meinem kleinen Buch *Aufzeichnungen einer französischen Schülerin*, das 1935 in Moskau erschien, habe ich diese Zeit beschrieben:

»Das Schulleben ist eintönig. Ein Tag gleicht dem anderen. Wir stehen um halb acht auf und rennen zum Unterricht. Paris ist schon lange wach, auf den Straßen ist es laut, es riecht nach Benzin.

Um acht gehe ich in den Speiseraum der Pension hinunter. Der große Tisch im Saal ist noch leer. Es sitzt nur die Stenotypistin da, die Progalier, eine einsame Alte, der die Söhne Geld geklaut haben.

Man reicht uns riesige Tassen mit Eichelkaffee und Toastbrot. Es ist noch dunkel, doch es wird kein Licht gemacht, weil man sparen will. Wir lesen Zeitung. Ich habe es eilig, trinke meinen Kaffee nicht aus und renne zur Schule.

Ich bin nicht allein. Zu dieser Stunde trifft man auf den Straßen alle naselang Schüler und Schülerinnen mit Mappen voller Bücher und Hefte. Meine Mitschüler rennen genauso wie ich durch die Straßen von Paris zur Schule.

Gabi hat natürlich verschlafen. Ihre Mutter weckt sie.

›Gabi, steh schnell auf. Du kommst zu spät. Soll ich dir den Kaffee ans Bett bringen?‹

›Ach, laß mich in Ruhe, Mama! Ich bleibe noch ein Minütchen liegen. Ich komm' nicht zu spät.‹

›Mädchen, das geht nicht. Das kommt alles daher, weil du so spät ins Bett gehst.‹

Gabi muß sich die ganze Latte ihrer Fehler und Sünden anhören. Morgens ist sie immer sehr mürrisch. Wieder muß sie in diesen ›Kasten‹. Wieder die Lehrer.

›Gabi, du bist blutarm. Du mußt dich behandeln lassen. Gabi, du hast wieder nicht gelernt. Warum ißt du so wenig?‹

›Mama, gib mir Geld für die Metro. Nein, mehr. Für die erste Klasse. Du bist geizig.‹

›Komm, ich gebe dir zum Abschied einen Kuß.‹

›Laß mich! Du siehst doch, ich bin gepudert.‹

Wenn Gabi auf die Straße geht, sitzt Molino, das kleine Ferkel, schon längst in der Metro. Er hat Angst, zu spät zu kommen, und trotzdem schafft er es nie. Er muß vor halb neun einsteigen, denn sonst hat er den normalen Tarif zu bezahlen, vor halb neun bezahlt er nur die Hälfte – den Arbeitertarif. Unterwegs denkt er an sein warmes Bett, an seine Mutter, die er liebt, an das Frühstück. Auf der Straße ist es kalt. Die Schule ist ihm zuwider. Dort ist alles fremd und langweilig.

Wjasemski kommt nie zu spät. Er wohnt gleich um die Ecke. Wjasemski hat das Frühstücksbrot in seiner Mappe. Er wirft es in den Abfalleimer. Seine Mutter begreift nicht, daß hier nicht Rußland und daß es peinlich ist, wenn man sein Frühstück mit in die Schule bringt.

In einem weißen Haus in der Rue Pierre Curie frühstückt Jeanne mit ihrer Gouvernante im großen Eßzimmer mit den holzgetäfelten Wänden. Jeanne redet nur in der Schule. Ihre Eltern sieht sie nie: morgens schlafen sie noch, und abends sind sie nie zu Hause. Und mit der Gouvernante gibt's nichts zu reden. Die hält sich an die guten Sitten. Während des Frühstücks wird kein Wort gesprochen. Jeanne steckt eilig ihren Zwieback in den Mund und verbrennt sich die Lippen an der heißen Schokolade. Sie möchte schnell auf die Straße, in die Schule, mit den Jungs flirten und mit den Freundinnen schwatzen.

›Mademoiselle, Sie haben Ihr Heft vergessen. Ihre Haare sind hinten nicht gekämmt. Sie brauchen sich nicht zu beeilen, wir haben noch viel Zeit.‹

Die Gouvernante hat keine Lust, aus der Wohnung zu gehen.

›Haben Sie vielleicht Fieber? Sie sehen heute so rot aus im Gesicht. Hier haben Sie das Thermometer.‹

Jeanne steckt das Thermometer nicht richtig unter den Arm. Triumphierend hält sie es der Gouvernante hin.

Ohne zu reden, gehen sie die Straße entlang.

›Haken Sie mich nicht unter, Mademoiselle. Das ist eine schlechte Sitte. Ein Mädchen darf nicht zurückbleiben oder vorneweg rennen. Sie darf nicht nach allen Seiten gucken.‹

Mit der Stiefmutter Ljubow Michailowna. Paris 1930

Jeanne kennt das alles aus dem *Buch der Sitten* im grünen Einband, das die Gouvernante so liebt.

Jedesmal, wenn sie vor der Schule stehen, seufzt die Gouvernante. Ein Mädchen zusammen mit Knaben in eine Schule zu geben! Verrückt!

Zu dieser Zeit hupt der Chauffeur vor der Tür der Monferans. Charles hat bereits gefrühstückt und geht leise ins Schlafzimmer des Vaters. Der General schläft noch. Charles horcht auf sein Schnarchen und sucht unterm Kopfkissen nach Geld.

Neun Uhr. Alle sitzen in der Klasse. Im letzten Moment kommt Molino, der mit ironischem Lachen empfangen wird.«

In Paris gab es eine Zeit, in der ich nur noch französisch sprach, weil das in der Schule gefordert wurde. Ich las Flaubert, Stendhal, Balzac. Ilja war sehr beunruhigt, weil mein Russisch plötzlich mit Gallizismen durchsetzt war. Er stellte einen hungrigen Studenten ein, der sich etwas dazuverdienen wollte. Und der unterrichtete mich in russischer Sprache. Doch viel kam dabei nicht heraus. Allerdings schrieb ich mich in der Turgenjew-Bibliothek ein, der russischen Bibliothek in Paris – die Deutschen haben sie, als sie Paris besetzten, liquidiert –, und las die gesamte russische Klassik. Leskow, den heute keiner mehr liest. Turgenjew, den heute keiner mehr kennt. Unsere Jugend liest wenig. Lew Tolstoi. All das habe ich in Paris verschlungen. Bis zum achtzehnten Lebensjahr liest man gewöhnlich am meisten.

In Paris war ich mit vielen russischen Kindern befreundet. Kinder der ersten Emigrationswelle, also der Emigranten, die während und kurz nach der Revolution von 1917 auswanderten. Ich weiß nicht mehr, wie wir uns alle kennenlernten. Wie sich Kinder eben so kennenlernen. Wir waren eine ganze Bande.

Die Geschichte von Natascha Stoljarowa

Meine beste Freundin in Paris war Natascha Stoljarowa. Sie ist später unter Stalin ins Lager gekommen. Eigentlich meinetwegen. Sie wurde in der Schweiz geboren. Sie ist die Tochter eines russischen Revolutionärs. Während der Revolution fuhr ihr Vater nach Rußland, die Mutter blieb mit den beiden Kindern in Nizza zurück. Nataschas Mutter starb, als sie vier Jahre alt war.

In Paris gründeten wir einen russischen Kulturzirkel. Ich glaube, ich war die Anführerin. Wir wollten die russische Sprache und die russische Literatur nicht vergessen. Wir gingen gemeinsam ins Museum, lasen russische Bücher und hielten reihum dann Vorträge. Auf diese Weise habe ich sehr viele Bücher gelesen. Wir holten sie uns alle in der Turgenjewka. Wir gaben auch eine Zeitschrift heraus, die wir verkauften. Das war unsere Kasse. Die Käufer waren unsere Eltern. Die Texte schrieben wir selbst. Leider ist kein einziges Exemplar erhalten geblieben. Wir hatten sogar eine russische Basketballmannschaft, die die Pariser Schülermannschaft besiegte.

Natascha Stoljarowa war auch in diesem Zirkel, gemeinsam mit ihrer Schwester Katja. Hier habe ich auch Ida Chagall kennengelernt, die Tochter von Marc Chagall, zu der ich immer nach Paris gefahren bin. Sie ist vor kurzem gestorben. Für unseren Zirkel hatten wir sogar ein Zimmer gemietet. Das Geld bekamen wir sicher von den Eltern. Wir waren alle erst um die vierzehn.

Und ich habe alle überredet, in die Sowjetunion zurückzukehren. Weil wir die russische Sprache und die russische Literatur liebten und uns als Russen empfanden. Für Politik haben wir uns nicht interessiert. Wir waren davon überzeugt, daß die Sowjetunion unsere Heimat sei.

Es ist ganz unglaublich, daß ich solch eine russische Patriotin war. In der Schule wurde ich »Oko Moskwy« – das »Auge Moskaus« – genannt, und ich war sehr stolz darauf. Unverständlich das alles, denn ich hatte in Rußland so gehungert, war dermaßen verlaust gewesen, hatte nichts zum Anziehen gehabt . . . Woher kam bloß dieser Patriotismus?

Das, was in Rußland heute als Hunger bezeichnet wird, ist kein richtiger Hunger. Ich habe in meiner Kindheit in Rußland richtigen Hunger kennengelernt. Mein Bruder Sergej, Serjoscha, ist mit sechzehn an den Folgen des Hungers gestorben, an Magengeschwüren. Ich habe ihn in Jekaterinogradskaja, im Nordkaukasus, als er noch ein winziges Baby war, mit Hirsebrei gefüttert, den ich vorher zerkaut hatte. Hirsebrei anstelle von Muttermilch.

Alle aus unserem Zirkel wurden nach ihrer Rückkehr in die Sowjetunion eingesperrt, nur ich nicht. Das hatte besondere Gründe, die ich nicht durchschaut habe. Es hing wohl mit meinem Vater Ilja zusammen, aber auch er schwebte ständig in Gefahr: Jetzt wurden in den KGB-Archiven Dokumente gefunden, die belegen, daß er Anfang der fünfziger Jahre kurz vor der Verhaftung stand, auf persönlichen Befehl Stalins. Das wurde nur durch Stalins Tod verhindert. Ich war für den NKWD wohl so eine Art Geisel.

Natascha war in Moskau anderthalb Jahre auf freiem Fuß: 1937 kehrte sie zurück, Ende 1938 wurde sie verhaftet. Sie hat

Mit Natascha Stoljarowa (rechts). Lavandou 1927

fünfzehn Jahre bekommen, zehn Jahre Lager und fünf Jahre Zwangsansiedlung. Das komischste dabei war: Als sie nach Rjasan verbannt war, lebte sie, die »Volksfeindin«, in einer Straße, die nach ihrer Mutter benannt war. Ihre Mutter war eine bekannte Revolutionärin, und so hatte man eine Straße nach ihr benannt. In Rjasan arbeitete Natascha als Englisch- und Französischlehrerin. Später, allerdings noch vor Stalins Tod, vor dem XX. Parteitag, hat mein Vater sie als seine persönliche Sekretärin eingestellt. Sie war allerdings keine gute Sekretärin, was aber nichts ausmachte. Ihr berühmtes »Ilja Grigorjewitsch, erinnern Sie mich am Dienstag daran, daß ich Sie am Dienstag daran erinnern soll, daß . . .« habe ich noch heute im Ohr. So eine Sekretärin war sie. Ehrenburg war Abgeordneter im Obersten Sowjet und bekam viele Bittschriften. Natascha Stoljarowa wollte sich nur für die Stalinopfer einsetzen. Ehrenburg sagte zu ihr: »Die anderen sind auch Menschen.« Aber sie war nur solidarisch mit denen, die wie sie gesessen hatten. Das ist verständlich.

Als Natascha rehabilitiert wurde, sprach ich mit dem Vernehmer, das heißt, er las mir aus der Akte vor. Dort stand ein Satz – genauer, im Protokoll zu Nataschas Verhör stand: »Irina

Ehrenburg müßte eigentlich hier mit Ihnen im Gefängnis sitzen.« Weiter las er nicht vor, vielmehr ging er für einige Zeit aus dem Zimmer. Eine ganze halbe Stude blieb er weg. Er wollte mir wahrscheinlich ermöglichen, in die Akte zu schauen. Aber ich war damals so verängstigt . . . Wir alle waren so verängstigt . . . Ich sah oben an der Decke ein Fenster. Das war in der Chrustalny-Gasse (Kristallgasse) neben dem Kaufhaus GUM, in einer Nebenstelle des KGB. Der Vernehmer hatte die Akte aufgeschlagen auf dem Tisch liegengelassen. Ich hätte nachsehen können, was dort weiter über mich stand. Aber ich dachte, sie beobachteten mich durch das Fensterchen oben an der Zimmerdecke. So habe ich nie erfahren, was dort noch über mich stand, warum ich nicht auch verhaftet wurde wie alle anderen, was der KGB mit mir vorhatte usw. Ich kenne nur den Satz, den er mir vorgelesen hat.

Rückkehr nach Moskau

1933 kehrte ich für immer nach Moskau zurück, als ich mit der Schule und mit meinem Studium der angewandten Psychologie an der Sorbonne fertig war. Ich ging allein zurück.

Manche fragen mich, wie ich nach Paris mit dem Leben in Moskau fertig werden konnte. Ich war so an das französische Leben gewöhnt, daß ich bis auf den heutigen Tag wie ein Franzose um zwölf Uhr Mittag esse. Während die Russen sich frühestens um zwei oder drei an den Tisch setzen. Aber ich habe in Paris immer von dem Leben in Rußland geträumt. Ich habe das Leben in Rußland geliebt, obwohl es entbehrungsreich war – und schrecklich. Ich wurde wie eine Feindin empfangen, denn ich kam mit einem kapitalistischen Diplom. Obwohl das Leben in Moskau grausam war – Sie kennen ja das geflügelte russische Wort »Moskau glaubt den Tränen nicht«, das mein Vater zum Titel eines seiner Romane gemacht hat –, habe ich es einfach hingenommen.

Ich bin offenbar so beschaffen, daß ich mich mit allem abfinde. Mit der heutigen Zeit habe ich mich ja auch abgefunden.

Auch heute sagt man, das Leben in Moskau sei am unerbittlichsten. Aber auch das nehme ich hin. Nur bin ich jetzt schon alt, und der Alltag fällt mir schwerer als früher. Es ist schon merkwürdig – obwohl das Leben hier so hart ist, sehnen sich alle nach Moskau zurück. Auch Ausländer. Sie ja auch. Genau aus diesem Grunde hatten wir in Paris unseren Zirkel gegründet. Weil wir alle Heimweh nach Rußland hatten. Nach Paris habe ich mich eigentlich nie so zurückgesehnt. Bloß nach bestimmten Menschen dort. Aber von denen leben nur noch wenige, einige sind im Krieg umgekommen, andere in den letzten Jahren gestorben.

Im Unterbewußtsein gab es allerdings noch andere Gründe für mich, nach Moskau zurückzukehren. Dort ereignete sich etwas ganz Neues, etwas Revolutionäres. So schien es mir. Mit meiner Sehnsucht nach dem Neuen habe ich auch meine Freundin Natascha Stoljarowa angesteckt, die noch nie in Rußland gewesen war. Mit meiner Sehnsucht nach Rußland und nach allem Neuen.

Mit der Mutter (links) und den Geschwistern in der Abflußgasse. Moskau 1934

Auch heute, wo die Zeiten wirr und schwierig sind, würde ich Rußland nie verlassen. »Swojo gowno tepleje« – wie die Russen sagen: »Die eigene Scheiße wärmt mehr.« Obwohl ich gerne nach Frankreich zu Besuch fahre – das heißt, jetzt fahre ich nicht mehr nach Paris. Ich bin schon zu alt für solch eine Reise. Im Herbst 1993 war ich das letzte Mal da und habe mich von all meinen Freunden verabschiedet. Das war sehr traurig. Ida Chagall war bereits bettlägerig, überhaupt sind all meine Freunde – die, die noch übriggeblieben sind – schon sehr alt. Nein, ich fahre nicht mehr hin.

Daß ich nach Rußland zurückgekehrt bin, habe ich keine Sekunde in meinem Leben bereut. Obwohl mein Leben sehr hart war.

Als ich wieder in Moskau war, wurde ich von meiner Mutter nicht gerade freudig empfangen, jedenfalls habe ich nichts von Freude gemerkt. Zuerst wohnte ich mit meiner Familie in unserer alten Wohnung in der Abflußgasse.

Meine Mutter hat dort bis zum Krieg gelebt, bis das Haus durch eine Bombe zerstört wurde. Ich nahm mir ziemlich bald ein eigenes Zimmer, bei dem Sohn von Kuibyschew, dem hohen Staatsfunktionär, ganz in der Nähe der Abflußgasse, am Smolensker Platz. Das war eine große Gemeinschaftswohnung. Kuigyschews Sohn vermietete zwei Zimmer, das eine an zwei Studenten, das andere an mich.

»Psychologie – eine Pseudowissenschaft«

In Moskau arbeitete ich auf meinem Fachgebiet als Psychologin. Ein ganzes Jahr lang. Dann war alles zu Ende. In der *Prawda* erschien ein Artikel unter dem Titel »Psychologie – eine Pseudowissenschaft«. Mein Institut für berufsbedingte Krankheiten, das »Obuchow-Institut«, wurde geschlossen. Das tut mir bis heute weh, denn die Arbeit dort war hochinteressant.

Wir hatten es mit Jugendlichen zu tun, die niemals auf eine Schule gegangen waren. Wir führten mit ihnen Tests durch,

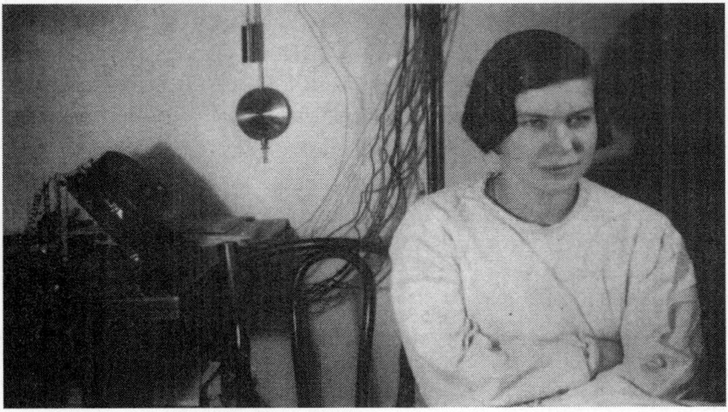

Am »Obuchow-Institut«. 1934

sie sollten zur Berufsausbildung in eine Fabrik geschickt werden. Sie kamen alle vom Dorf und wußten weder, was sie werden wollten, noch, wofür sie begabt waren. Unsere psychologische Abteilung sollte mit ihnen arbeiten. Ich erinnere mich, daß ich sogar eine kleine Entdeckung gemacht habe. Diese Kinder waren nämlich so wenig entwickelt, daß sie nicht einmal Bilder, d. h. zweidimensionale Darstellungen, verstanden. Deshalb konnte man keine Bildertests mit ihnen machen. Ich kaufte Möbel und Puppen, brachte sie ins Institut mit, und wir führten die Tests mit diesen Spielsachen durch. Plastisches haben sie verstanden. Das war meine kleine Entdeckung.

Es war eine sehr entbehrungsreiche Zeit. Zu meinem Institut fuhr ich mit der Straßenbahn, vom Smolensker Platz bis zum Kursker Bahnhof. Fahren ist übertrieben, ich hing hinten dran. Ich war ja jung. Das hatte nichts damit zu tun, daß ich keine Fahrkarte besaß. Die Straßenbahnen waren so schrecklich überfüllt, daß die Türen nicht zugingen. Sogar die Plätze hinten auf der Stoßstange waren alle besetzt, so daß man von Glück reden konnte, wenn man sich noch dranhängen konnte. Die Straßenbahnen hatten hinten solche Stoßstangen. Wenn man sich draufsetzte und sich gut festhielt, konnte man bequem durch ganz Moskau reisen.

Auf diese Weise fuhr ich täglich zur Arbeit.

Angesichts der Tatsache, daß ich in einem kapitalistischen Land studiert hatte, wurde ich zum Diamat-Studium abkommandiert. Diamat – das war die Abkürzung für Dialektischer Materialismus. Jeden Tag mußte ich Diamat pauken. Damals hatten wir die Fünftage-Arbeitswoche, mit sechs Arbeitsstunden am Tag, glaube ich. Ich hatte also noch genug Zeit, mit Jungs auszugehen oder Besuche zu machen. Das waren meine Freizeitvergnügungen.

Als ich noch in Paris lebte, hatte ich mich kaum mit Politik beschäftigt. Ich hatte natürlich mit großem Interesse alles Neue verfolgt, was sich in der Sowjetunion tat. Von dem Stalinschen Terror, von dessen grausamer Allgegenwart im sowjetischen Alltag ahnte ich jedoch nichts. Das habe ich alles erst erfahren, als ich nach Moskau zurückkehrte und meinen Beruf nicht mehr ausüben konnte. Und 1934 begannen ja auch die Prozesse.

Das Jahr 1934 war überhaupt ein sehr wichtiges Jahr für mich. In diesem Jahr fand auch der erste sowjetische Schriftstellerkongreß statt. Ich war bereits arbeitslos und wurde auf dem Kongreß als Dolmetscherin eingesetzt. Mit Paul Nizan und anderen Franzosen fuhr ich nach Mittelasien. Nach Duschanbe, dem späteren Stalinabad. Wie heißt es denn heute bloß? Das war damals noch eine ganz kleine Stadt. Wir wohnten auf einer luxuriösen Datscha. Aus irgendeinem Grunde waren auch Russen dabei. Ich kann mich noch an Viktor Schklowski erinnern. Mit ihm fuhren wir für zwei Tage nach Taschkent und Samarkand. Auch Oskar Maria Graf ist mir im Gedächtnis geblieben, denn der war in kurzen Hosen gekommen, und die Jungs auf der Straße pikten ihn immer mit Nadeln. Er hat sich darüber sehr beschwert.

Veränderungen in Moskau

Als ich 1933 aus Paris nach Moskau kam, hatte sich die Stadt bereits verändert. Aber noch mehr veränderte sie sich vor meinen Augen. Also, erstens wurde der gesamte Sadowoje Kolzo, der Gartenring, im Zentrum Moskaus abgeholzt. Der Gartenring war von Bäumen gesäumt, und die wurden alle gefällt. Stalin befürchtete einen Gaskrieg. Er war der Ansicht, das Gas würde sich in den Blättern der Bäume festsetzen. Außerdem wurden sehr viele Kirchen zerstört. Sehr viele. Und es wurden nach 1945 diese furchtbaren Hochhäuser gebaut, diese Stalinschen Steinmonster, von denen es sieben in Moskau gibt. Ich weiß noch, wie wir uns darüber aufregten. Vom Hubschrauber aus wurden Rubinsterne auf diese Hochhäuser gesetzt. Auch auf den Kreml kam ein Rubinstern. Ich kann mich auch noch gut erinnern, wie das riesige Hotel »Rossija« gebaut wurde, das war allerdings viel, viel später, das ist noch gar nicht so lange her.

Und dann kann ich mich noch an den Metrobau in den dreißiger Jahren erinnern, als die Metro noch nach Kaganowitsch benannt war. Was? Haben Sie nicht gewußt, daß die Moskauer Metro, bevor sie den Namen »Lenin« bekam, »Kaganowitsch« hieß? Warum man diesem üblen Volkskommissar, der Gott sei Dank 1957 unter Chruschtschow abgesetzt wurde, dieses Geschenk gemacht hat, weiß ich auch nicht. Babels Frau hat am Metrobau teilgenommen. Die kann ein Lied davon singen. Ich erinnere mich noch an einzelne Metrostationen, die uns damals besonders gefielen. Zum Beispiel die Metrostation »Majakowskaja«. Aber andere wiederum, vor allem diese prunkvollen Paläste, diese Kathedralen der Werktätigen, gefielen uns ganz und gar nicht. Von den Verzierungen ist kaum etwas übriggeblieben, doch anfangs war die Metro sehr prunkvoll. Mit Figuren, Skulpturen, Mosaik.

1933, 1934, als ich wieder nach Moskau zurückkam, gab es diesen Hunger nicht mehr, den ich aus den zwanziger Jahren kannte. Doch am besten ging es uns am Vorabend des Krieges. 1940 gab es merkwürdigerweise alles. Da soll einer die Wirtschaft verstehen.

Als ich 1934, am 26. Dezember, geheiratet habe, bekamen wir vom Standesamt einen Nachweis über unsere Eheschließung und einen Bezugsschein für eine Steppdecke. 1934 ging es Rußland demnach noch nicht so gut. Aber in meinem

»Obuchow-Institut« haben wir dennoch jedes Fest gefeiert. An den Revolutionsfeiertagen im Oktober zum Beispiel bekamen wir Hirsebrei. Angeblich sollte Huhn drin sein, aber ich habe nur ein paar Federn gefunden. Doch für uns war das damals Luxus. Hirsebrei!

In Moskau lebten in den Dreißigern sehr viele Menschen, die ganz frisch vom Dorf zugezogen waren. Es waren weniger Menschen in der Stadt als heute – den überfüllten Straßenbahnen nach zu urteilen, müssen es aber eine ganze Menge gewesen sein. Und Warteschlangen gab es, und Lebensmittelkarten gab es. Und auf diese Lebensmittelkarten hat man buchstäblich nichts bekommen. Das alles ist nicht neu für unser Land.

Das Jahr 1940 jedoch war ein Lichtblick. Ich weiß noch, ich ging in den Feinkostladen auf den Arbat und bekam zufällig Spargel. Das war ein Wunder. Grundnahrungsmittel gab es jedoch immer. Irgend etwas konnte man immer kaufen. Die Läden waren lange nicht so leer wie heute.

Ehe auf sowjetisch

Bald nach meiner Rückkehr aus Paris habe ich in den Literaturzirkeln Boris Lapin kennengelernt. Ich erinnere mich, es gab da so ein Mädchen, Schanna Inber, die Tochter der Schriftstellerin Vera Inber, die auch aus Paris zurückgekehrt war. Vera Inber wollte gerne, daß Borja ihre Tochter heiratete. Sie veranstaltete Abendgesellschaften, auf denen wir tanzten. Wir haben sehr viel getanzt in dieser Zeit. Im Unterschied zu heute. Heute sind das Verrenkungen, aber wir haben richtig getanzt. Tango, Foxtrott, Charleston. Auf einer dieser Gesellschaften haben Borja und ich uns kennengelernt, er machte mir den Hof. Doch ich hatte in Paris meinen Freund zurückgelassen. Ich glaubte, daß ich ihn sehr liebte. Und deshalb zeigte ich Borja Lapin die kalte Schulter und meinte, daß zwischen uns beiden nie etwas sein könne. Auf Einladung meines Vaters fuhr ich für drei Monate nach Paris, im Sommer. Und je näher ich Paris kam ... Bis heute kann ich mich noch genau an den Kilometerstein 150 erinnern, 150 Kilometer bis Paris ... Da wurde mir plötzlich klar, daß ich meinen Freund überhaupt nicht sehen wollte. Gleich würde er auf dem Bahnhof stehen, und ich wüßte nicht, wie ich mich verhalten sollte. So etwas kommt vor im Leben. Das habe ich erfahren. Er stand wirklich mit ein paar Freunden da, und aus Charakterschwäche und Mitleid fuhr ich mit ihm nach Südfrankreich. Wir mieteten ein Zelt in Lavandou. Im Zelt standen zwei Liegen. Ich war kalt zu ihm, wir hatten nichts miteinander. Ich ging zur Post und schickte Borja ein Telegramm: »Ich liebe dich.« So fing es an.

Ich brachte den Sommer in Frankreich hinter mich, fuhr wieder nach Moskau zurück, und Borja und ich heirateten. Was hieß das damals – heiraten. Wir gingen zum Standesamt, das aus einem kleinen Tisch bestand, an dem Tod, Geburt und Eheschließung registriert wurden. Wir handelten sehr lange miteinander, ich wollte meinen Namen behalten. Borja wollte natürlich, daß ich Lapina heiße. Und ich sagte einfach: »Ich will nicht zum dritten Mal meinen Namen ändern.« Davon habe ich eingangs ja erzählt. Wir verließen also das Standesamt wieder und gingen vor dem Gebäude auf und ab, bis wir uns letzten Endes doch registrieren ließen. Ich behielt den Namen Ehrenburg.

Außerdem erklärte ich Borja, ich sei ein freier Mensch. Ich hatte ein eigenes Zimmer auf dem Gogol-Boulevard, bei der Frau von Sergej Eisenstein, sie war Kamerafrau. Und Borja wohnte auf der Sretenka. Das ist eine gewaltige Entfernung. »Gut«, sagte er, »wir werden getrennt leben.« Ein schönes Ehepaar, nicht wahr? Ich war damals eine solche fanatische Anhängerin alles Neuen. Ich glaubte, eine Frau dürfe nicht mit ihrem Mann zusammenleben. Das war damals so Mode bei jungen, revolutionär eingestellten Menschen. Ich wollte jedenfalls ein selbständiges Leben führen. Ich hatte einen Beruf. Ein halbes Jahr quälten wir uns so. Borja begleitete mich durch ganz Moskau nach Hause. Im Winter. Bei Eiseskälte. Bis zum Gogol-Boulevard. Wir konnten uns nicht trennen, und ich sagte: »Los, jetzt bring' ich dich zurück.« So liefen wir die ganze Nacht hin und her.

Ein halbes Jahr später habe ich die neuen kommunistischen Sitten aufgegeben und zog zu ihm. Eines Morgens kam ich in seine Wohnung und sah, was ihm seine Haushälterin zu essen dagelassen hatte. Sie war irgendwohin gegangen, zu einem Lehrgang, und hatte ihm kaltes Essen hingestellt. Er tat mir leid – und ich zog schließlich zu ihm, und wir führten ein bürgerliches Leben. Allerdings in einer geradezu unheimlichen Gemeinschaftswohnung, wo in unserem Zimmer eine Waschschüssel und ein Eimer standen. Elf Familien lebten dort in elf Zimmern. Es war die ehemalige Wohnung von Borjas Vater, einem Arzt. Über der Zeitungsredaktion der *Literaturnaja gaseta*. Borjas Vater hatten früher alle Zimmer gehört. Nach der Revolution bekam er ein Zimmer zugesprochen, in die anderen wurden fremde Menschen einquartiert. Ich weiß nicht, wohin die Möbel aus den übrigen zehn Zimmern verschwunden sind. Vielleicht blieben sie dort stehen. Ich habe nie hineingeschaut.

Och, das Leben in dieser Wohnung war schrecklich. Elf Zimmer, elf Familien! In der Küche stand ein kleiner Tisch, und es gab nur einen Gasherd mit zwei Flammen. Wenn eine frei wurde, konnte ich endlich meinen Topf draufstellen. Zwei Flammen für elf Familien! Ins Badezimmer zu kommen war ein Ding der Unmöglichkeit. Deshalb richtete ich in unserem Zimmer eine Ecke mit Wasserschüssel, Wasserkrug und einer spanischen Wand ein und wusch mich dort.

Die Wohnungsnachbarn hatten alle mehr oder weniger Kontakt miteinander. Neben uns wohnten sogar Verwandte von Borja. Zu mir waren alle sehr freundlich. Ein einziges Mal habe ich geweint, als ich auch noch für unseren Hund die Gasrechnung bezahlen sollte. Das kam so: Borja und ich, wir schafften uns einen Hund an. Ich komme in die Küche, da hängt dort eine Liste, auf der steht, für wieviel Personen jeder Mieter Gas zu zahlen hat. Bei uns steht: drei. Verdutzt frage ich: »Und wer soll der dritte sein?« Und bekomme zur Antwort: »Ihr Hund Tschuka. Kochen Sie für ihn etwa keinen Brei?« Jeder mußte seinen Anteil an der Rechnung bezahlen.

Unterhaltungen fanden immer in der riesigen Küche statt. Hier drängelte sich alles. So ein Leben in einer Gemeinschaftswohnung, in der *kommunalka*, wie es auf russisch heißt, ist etwas Fürchterliches. Ich bin mal zu meiner Frendin nach Kiew gefahren und sah, daß es noch Schlimmeres gibt. Bei denen mußte jeder mit seinem eigenen Klodeckel auf den Abort gehen. Und jeder hatte seinen eigenen Stromschalter in der Küche, seine eigene Glühbirne. Einmal knipste ich den falschen Schalter an und bekam vielleicht was zu hören. Meine Freundin war eine Frau mit viel Kultur, sie war Rezitatorin und trug Majakowski vor. Und die lebte in solch einer Wohnung.

Das Lustigste an unserer Wohnung war die Klingel. Einmal klingeln hieß: zu Familie X, zweimal klingeln hieß: zu Familie Y, dreimal klingeln: zu . . . und so weiter, bis elf. Aber das hatte es auch in der Kriwokolenny-Gasse gegeben, das gab's in allen Gemeinschaftswohnungen.

Natürlich kam es auch zu Streitereien. Vor allem wegen der Hunde. Unsere Nachbarn hatten zwei kleine Terrier, und die sind von Natur aus sehr laut. Borja hielt das nicht aus, rannte ins Nachbarzimmer und scheuchte die Hunde mit dem Stuhl unters Bett. Aber richtigen Streit gab es nicht. Von den anderen merkten wir kaum etwas. Wir waren jung und lebten unser eigenes Leben.

Wir haben beide in unserem Zimmer gearbeitet. Borja schrieb. Er arbeitete oft zusammen mit seinem Freund Sachar Chazrewin. Und in dieser Zeit ging ich spazieren, um sie nicht zu stören. Es ist sehr schwer, zusammen in einem Zimmer zu leben. Immer muß man Rücksicht aufeinander nehmen und einen Zeitplan machen. Ich verzog mich und spazierte durch Moskau. Ich erinnere mich noch gut an diese tristen Spaziergänge. Drei, vier Stunden. In der Küche konnte man nicht sitzen, da waren zu viele Leute. Ich ging auch bei strengem Frost auf die Straße. Da war nichts zu machen.

Das war damals eine sehr unruhige Zeit. Ich erinnere mich an einen Zwischenfall. Ich war ins Delikatessengeschäft gleich nebenan auf die Sretenka gegangen und sah, wie ein Gauner einer Frau das Portemonnaie aus der Tasche zog. Ich sagte es der Frau. Darauf sagte der Gauner zu mir: »Na warte, komm nur raus!« Zum Glück gab es im Laden ein Telefon, ich rief Borja an. Der kam mich abholen. Ich hatte Angst, allein hinauszugehen. Obwohl es noch nicht einmal dunkel war. Wenn man also von der Kriminalität heute spricht . . . Das gab es damals schon alles, nicht weniger als heute. Und erst recht auf der Sretenka. So ein grusliger Bezirk. Bloß hat damals niemand darüber gesprochen oder geschrieben.

Borja

Das erste, was mir Borja sagte, war, daß er sehr gerne reise. Daß ich das wahrscheinlich nicht aushielte. Er sei schon einmal verheiratet gewesen. Sie habe auch Irina geheißen und habe das Leben mit ihm nur drei Monate ertragen. Er hatte sie mit nach Taschkent geschleppt, wo es kein Wasser, keinen elektrischen Strom und keine Heizung gab. Und draußen herrschte bittere Kälte. Ich sagte, ich würde das schon aushalten. Und das stimmte auch. Ich bin sehr viel mit Borja herumgereist.

Als Borja fünfzehn war, brannte seine Mutter mit einem weißen Offizier durch. Er blieb beim Vater. Der nahm ihn mit an die Front. Er war Militärarzt. Zärtlichkeit und Liebe kannte Borja nicht. Seine Mutter habe ich einmal getroffen. In Paris. Sie galt als Schönheit, warum, weiß ich nicht. Sie kümmerte sich natürlich nur um ihre Männer und nicht um ihren Sohn. Deshalb war er sehr überrascht über meine Zärtlichkeit. Ich habe ihm beigebracht, wie man gut ißt. Ich habe Kochbücher gekauft und kochen gelernt. Ich habe ihm eine Weste gestrickt, schief und krumm. Doch er war sehr stolz darauf und zeigte sie überall vor: »Hier, das hat Irina gestrickt. Selbst gestrickt.«

Wir lebten sehr bescheiden. Ich erinnere mich noch, wie ich von meinem ersten Honorar unser Besteck kaufte. Vorher konnten wir uns keines leisten. Aber für Reisen haben wir sehr viel ausgegeben. Damals war das Reisen eine sehr beschwerliche Angelegenheit. Ich weiß noch, wie wir durch Armenien fuhren und im Zug übernachteten, weil es keine Hotelplätze gab. Tagsüber haben wir uns die Städte angesehen. So war das in Armenien, in Aserbaidschan, in Rostow am Don. Nur in Taschkent war es leichter.

Borja war ein unglaublich sprachbegabter Mensch. Persisch hat er sich selbst beigebracht. Das heißt Tadschikisch. Japanisch hat er gelernt. Die altägyptischen Hieroglyphen. Er reiste auf die Tschuktschen-Halbinsel und hat mir dann erzählt, er habe mit einer Tschuktschenfrau geschlafen, um zu begreifen, was die Tschuktschen für Menschen sind. Er war ein erstaunlicher Mensch. Er wollte alles genau wissen. Er ritt ins Pamirgebirge mit einem einheimischen Bergführer. Zum erstenmal im Leben saß er auf einem Pferd und scheuerte sich ganz blutig, denn er ritt ohne Sattel. Sie benutzten Bergpfade, die noch nie ein Russe betreten hatte. Er hat ein Buch darüber geschrieben, *Pamir* ist der Titel. Sein *Tagebuch des Stillen Ozeans* handelt von der Tschuktschenhalbinsel. Er vergötterte diese ferne Welt. Viele meiner Hunde hießen deshalb Tuschuka. Von dort brachte er Walfischknochen mit, auf denen Zeichnungen von Tschuktschen eingeritzt waren. Er hatte viele Freunde auf der Insel. Es existierte ein Foto, wo er in einem Tschum, das ist ein Tschuktschenzelt, zu sehen ist. Von der Tschuktschenfrau, mit der er geschlafen hat, hat er mir auch ein Foto gezeigt. Na, nichts Besonderes, sie war sehr rundlich. Er erzählte mir, daß die Tschuktschen sehr schmutzig seien und sich niemals wüschen. Daß sie ihren Körper mit Tran einschmierten. Wo soll man sich da auch waschen können? Ich glaube, die sechseinhalb Jahre, die ich mit Borja leben durfte, waren ein Glück, wie es selten jemandem zuteil wird.

Wegen der Zensur schrieb er dokumentarische Bücher, in die er seine Lyrik einflocht, denn er war vor allem Dichter. Wie zum Beispiel in dem Buch *Podwig* (Die große Tat), das 1933 in Leningrad erschien. Einige Gedichte hat er mir später auch noch mit der Hand in das kleine Lederbändchen geschrieben, das er mir vor seiner Abreise an die Front 1941 geschenkt hat. Das Bändchen habe ich noch. Es ist sehr kostbar für mich, denn es ist fast das einzige, was mir von Borja geblieben ist. Hier ist ein Gedicht daraus:

Ein jugendlicher, unbekannter Mann,
Der den zwanzigsten Geburtstag heut begeht.
Er ist einfach ein äußerst stiller Mann,
Er ist kein Makler, kein Mörder, kein Poet.
Er wär zu jeder guten Tat bereit,
Er hätte keine Niedertracht gescheut,
Brächt' es ihm für einen Groschen Glück nur ein,
Nur ein Abendessen mit Burgunderwein.
Hörst du – wessen Stimme grölt da ein Lied?
Ringsum Regen, ringsum Schlaf und Plätscherton.
Und kein Ruhm und kein Reichtum mir blüht,
Stoß' ich euch nicht herab von eurem Thron.
Dieses Glück ich mir blutend erfüll',
Aus der Erde Schoß reiß ich's los.
Werden will ein Großer . . . Ich will
Ein Großer werden . . . Ich will . . . ein Groß . . .

Dreißiger Jahre
Der Stalinterror im Alltag

Ich will Ihnen weiter von unserem Leben in Moskau erzählen. Mit meinem Mann bin ich in diesen Jahren oft ins Kino gegangen. Ins Haus der Schriftsteller. Ziemlich oft ins Café, ins »National«. Dort war es nicht sehr teuer. Wir hatten kaum Geld. Mein Mann hat unseren Unterhalt verdient, ich habe dazuverdient, doch wenig. Ich hatte ja meine Arbeit verloren. Ich schrieb Artikel. Weil ich keine Arbeit hatte, beschloß ich, einen neuen Beruf zu erlernen. Ich ging ans Physiologische Institut. Dort wurden Frösche seziert, und das konnte ich nicht mit ansehen. Ich verließ das Institut wieder. Und dann schrieb ich mein kleines Buch *Aufzeichnungen einer französischen Schü-*

lerin. Außerdem übersetzte ich Bücher aus dem Französischen, zum Beispiel eine Biographie von Toulouse-Lautrec und Bücher von André Stil, von Maurois, Vercors, insgesamt etwa vierzig.

Neulich habe ich einen Artikel in einer alten Nummer der illustrierten Zeitschrift *Ogonjok* gefunden. Über eine Weinprobe. Ich habe wie eine richtige Journalistin gearbeitet. Ich ging mit den Weinspezialisten zum Weinkeller, wir probierten, ich lernte, wie man das macht, sie betranken sich natürlich alle, und ich habe die armen alten Männer dann hinausgeschleppt. Und dann habe ich den Artikel »Ein Glas Wein« geschrieben.

1936 war ich in England, in London, und habe darüber für die Zeitung berichtet. Herrgott, damals konnte man nur schreiben, wie schlecht es dort ist. Die Haie des Imperialismus usw. So habe ich über die Armenviertel geschrieben. Und fotografiert habe ich – die Fotos gibt es noch.

Unser Leben in Moskau in den dreißiger Jahren war vom Stalinschen Terror bestimmt. Wir wohnten in dieser schrecklichen Gemeinschaftswohnung direkt über der Redaktion der *Literaturnaja gaseta*. Posledni pereulok hieß unsere kleine Straße – die Letzte Gasse. Aus der Redaktion erfuhren wir alle Neuigkeiten. Mein Mann hatte dort Freunde, die uns erzählten, wer verhaftet worden sei.

Ich will Ihnen unseren psychischen Zustand beschreiben. Erstens unterhielten wir uns nur im Flüsterton und möglichst unter der Bettdecke. Wir mißtrauten allem, genauso wie ich bei der Rehabilitierung meiner Freundin Natascha dem Fenster in der Decke mißtraut und nicht in die Akte geschaut habe. Wir glaubten nicht, daß Wände taub sind. Noch weniger trauten wir dem Telefon. Auch anderen Menschen gegenüber waren wir mißtrauisch. Doch wir versuchten, allen Dingen, die passierten, eine rationale Erklärung zu geben. Ich erinnere mich noch sehr genau, wie der Schriftsteller Kim verhaftet wurde. Wie wir versuchten, uns das damit zu erklären, daß er auf Besuch in die japanische Botschaft gegangen sei. Daß man ihn deshalb abgeholt habe.

Genauso war es, als meine Freundin Natascha verhaftet wurde, nur weil sie in Frankreich gelebt hatte und in die Sowjetunion eingereist war. Anderthalb Jahre nach ihrer Ankunft wurde sie eingesperrt. Mein Mann hatte sie gewarnt, sie solle nicht ins Café gehen. Dort würde man sie beobachten und dann verhaften. Außerdem hat sie sich auch noch mit Ausländern getroffen, worauf man sie tatsächlich verhaftete. Fast alle, die aus freien Stücken in die Sowjetunion zurückgekehrt waren, wurden verhaftet.

Natascha Stoljarowa, von deren Rehabilitierung ich erzählt habe, hat zehn Jahre in verschiedenen Lagern gesessen. Auch sie hat Stalin einen Brief geschrieben in der Überzeugung, daß er von alldem nichts wissen könne. Alle schrieben aus den Lagern an Stalin. Nadeschda Jakowlewna Mandelstam, die Frau des Dichters Ossip Mandelstam, auch. Alle Leute glaubten, Stalin sei nicht davon unterrichtet, welche Ungeheuerlichkeiten im Lande vor sich gingen.

So absurd das ist, Natascha Stoljarowa kehrte als hundertprozentige sowjetische Patriotin aus dem Lager zurück. Sie erzählte mir zum Beispiel, daß die Frauen im Lager Kinder zur Welt gebracht hätten. Sie selbst hat übrigens im Lager geheiratet. Ich fragte ungläubig: »Wie? Kinder? Wo haben sie denn ihre Kinder gelassen?« Und Natascha entgegnete: »Wir hatten Kinderkrippen. Die waren sogar sehr gut.« Darauf ich: »Kinderkrippen? Sicher durften die Mütter ihre Kinder nicht sehen.« Darauf sie entrüstet: »Bist du verrückt! Unser Staat ist doch nicht unmenschlich! Natürlich kamen die Mütter in die Krippe und haben ihre Kinder gestillt.« Sie verteidigte vehement die sowjetische Lagerordnung.

In den letzten Lagerjahren arbeitete sie in der Molkerei. Sie hat vielen Leuten etwas zugesteckt, auch dem Mann, den sie dann später geheiratet hat. Ich sagte, so einen guten Platz in der Molkerei hätte sie doch sicher nur durch Beziehungen bekommen. Darauf sie: »Meinst du etwa, ich hätte Leute denunziert, die im Lager saßen?« Ich weiß bis heute nicht, wie es sich mit ihr verhielt. Irgend etwas stimmte da nicht. Später durfte sie für anderthalb Jahre ins Ausland fahren. Und niemand hat ihr Schwierigkeiten gemacht. Deshalb wird jetzt in Moskau schlecht von ihr gesprochen. Leider. Anderthalb Jahre in Paris zu leben und völlig unbehelligt zu bleiben – für damalige Verhältnisse war das ein Wunder. Das war noch lange, lange vor der Perestroika.

Die Geschichte mit der Lubjanka

Jetzt erzähle ich Ihnen, wie man aus mir eine Agentin des NKWD machen wollte. Also 1936, ich war bereits verheiratet, beantragte ich eine Reise nach Paris. Mein Vater hatte mich eingeladen. Ich wurde in die Lubjanka bestellt, in dieses riesige, schreckliche Hauptquartier des NKWD. Mein Mann Borja Lapin ging mit mir dorthin und wartete auf der Straße auf mich. Dort, wo sich jetzt das Kaufhaus »Detski mir« (Kinderwelt) befindet. Früher standen da mal kleine Häuschen. Er sagte: »Wenn du in zwei Stunden nicht zurück bist, dann komme ich hinterher.« Obwohl klar war – wenn ich innerhalb von zwei Stunden nicht rauskomme, hat man mich verhaftet. Er hätte seine eigene Verhaftung riskiert.

Ich ging also in die Lubjanka, zu einem General. Der sagte zu mir, sehr höflich: »Irina Iljinitschna, Sie wollen nach Paris fahren? Bitte, Sie bekommen einen Paß, Sie bekommen Devisen. Ich nehme jetzt den Hörer, rufe an, und man wird Ihnen alles aushändigen. Doch unter einer Bedingung. Sie werden die Bekannten Ihres Vaters observieren und uns dann berichten.« Ich erwiderte: »Nein, das tue ich nicht.« – »Dann fahren Sie nicht.« – »Na, dann fahre ich eben nicht.« Er hielt immer noch die Hand auf dem Hörer. Er versuchte mich zu überreden. Das dauerte anderthalb Stunden. Er wollte, daß ich in Paris eine Liste aller Bekannten meines Vaters zusammenstelle und ihm übermittle. Das lehnte ich kategorisch ab, und er sagte: »Nun, dann auf Wiedersehen.« Ich ging. Borja freute sich sehr, daß ich lebend wieder herauskam.

Eine Nacht in Aachen

Nach einiger Zeit bekam ich eine Aufforderung, meinen Paß abzuholen. Doch ohne eine Kopeke Devisen. Und meine Fahrkarte war nur bis Aachen ausgestellt. Und das im Jahr 1936! Ich teilte also meinem Vater mit, daß ich nur bis Aachen fahren könne. Er solle mir nach Aachen Geld überweisen. Wir hatten verabredet, daß ich in Aachen aussteige, gleich auf dem Bahnhof das Geld in Empfang nehme, sofort eine Fahrkarte löse und weiter nach Paris fahre.

Ich komme also nach Aachen, kein Geld da. Der Zug fährt ab, ich stehe allein mit meinem Köfferchen auf dem Bahnsteig, 1936, im faschistischen Deutschland, eine Jüdin mit einem roten Paß, auf dem mit Gold Hammer und Sichel eingeprägt sind. Schlimmer geht's nimmer. Ich wende mich an einen Deutschen, der in der Nähe steht, und erkläre ihm auf französisch, was mit mir passiert sei und daß ich nicht weiterfahren könne. Es wurde schon Abend. Er telefonierte mit jemandem und sagte: »Eine französische Frau . . .«, obwohl ich ihm meinen Paß mit dem Namen Ehrenburg gezeigt hatte. Er brachte also die »französische Frau« in ein Hotel – er war übrigens sehr unsympathisch – und sagte: »Ich werde unten warten. Morgen früh, wenn die Postämter aufmachen, gehen wir los. Ihnen ist untersagt, das Hotel zu verlassen.« Ich weinte die ganze Nacht. Ich war ja noch jung. Ich dachte, ich falle der Gestapo in die Hände, und alles ist aus.

Am nächsten Morgen kam er, wir klapperten alle Postämter ab. Aachen ist eine kleine Stadt, aber Sie glauben nicht, wie viele Postämter es dort gibt. Schließlich fanden wir das Geld. Ich kaufte mir eine Fahrkarte, und ich erinnere mich auch noch, wie ich mich in den Zug setzte, meinen Kopf auf das Tischchen im Abteil legte und bis Paris durchschlief.

»Genossen Schriftsteller, bitte keine Bücher in den Müllschlucker werfen!«

In diesem Sommer fuhr ich mit meiner Stiefmutter an die französische Atlantikküste, Ilja ging nach Spanien. Er wollte unbedingt als Korrespondent der Zeitung *Iswestija* vom spanischen Bürgerkrieg berichten. Anfangs erlaubte man es ihm nicht, die Sowjetunion schickte keine Korrespondenten nach Spanien. Da ist er auf eigene Faust hingefahren. Irgendwie hat er es durchgeboxt. Er war ein sehr energischer Mensch.

Als ich Ende August nach Moskau zurückkehrte, hatte sich nichts verändert. Es wurde immer noch verhaftet. Mein Vater rief aus Spanien an: »Warum kommt die Mirowa nicht her?« Und ich antwortete: »Bei uns ist schlechtes Wetter. Es regnet.« Aber er verstand nicht. Er wußte nicht, wie schlimm es bei uns war.

Als er 1938 kam, hat er es erfahren. Er sah im Aufzug eine Bekanntmachung hängen: »Genossen Schriftsteller, bitte keine Bücher in den Müllschlucker werfen!« Alle versuchten, sich der schädlichen Bücher zu entledigen. Der sogenannten schädlichen Bücher.

Wir lebten damals im Schriftsteller-Wohnhaus in der Lawruschinski-Gasse, der Klostergasse. 1937 konnten wir endlich aus der Gemeinschaftswohnung ausziehen, in eine große Fünfzimmerwohnung: drei Zimmer gehörten meinem Vater und zwei Borja und mir. Wir wohnten im achten Stock. Es gab einen Aufzug, und dort sah mein Vater jene Bekanntmachung. Außerdem bangten wir jede Nacht, daß der Aufzug auf unserer Etage hält.

Aus unserem Haus wurden 1938 sehr viele Leute abgeholt. Uns gegenüber wohnten der aus Deutschland emigrierte Johannes R. Becher und der Ungar Gábor in einer Gemeinschaftswohnung. Sie zitterten ebenfalls. Zu Becher und Gábor hatten wir guten Kontakt. Wir unterhielten uns über den Aufzug. Daß es schrecklich sei, wenn man ihn nachts fahren höre.

Aber mit einigen anderen Leuten hatten wir Angst, darüber zu reden.

Bechers Frau konnte sehr gut Russisch. Ich glaube, sie hieß Galperina. Ich weiß nicht mehr. Zu Gábor kam sein Mädchen, seine Tochter Margot, aus Frankreich zu Besuch. Das war bereits während des Krieges. Sie wollte aber nicht in der Sowjetunion bleiben. Sie bat, sie in irgendein Land zu schicken, und dort ist sie umgekommen.

Das Haus in der Lawruschinski-Gasse war extra für Schriftsteller gebaut worden. Ein großes graues Haus gegenüber der Tretjakow-Galerie. Es steht noch. Die Wohnungen waren sogenannte Kooperativwohnungen, die man kaufen konnte. Wir mußten Geld einzahlen, und als das Haus 1937 fertig war, bekamen wir dort eine Wohnung. In dem Haus wohnten solche Leute wie Bergelson, Valentin Katajew, Jewgeni Petrow. Alexej Tolstoi wohnte nicht in unserem Haus. Der Herr Graf hatte eine eigene Villa. In der heutigen Alexej-Tolstoi-Straße. Oder hat man die jetzt auch umbenannt? Er war ein Herr, ein Hausbesitzer.

Die Familie Ehrenburg sollte eine Wohnung im fünften Stock bekommen. Doch der Dramatiker Wischnewski hat uns ausgestochen. Er hatte wohl irgendeine Bescheinigung angebracht oder so etwas. Ich weiß nicht mehr genau. Ich glaube, er hat gesagt, er habe Tuberkulose. Er brauche unbedingt einen Balkon. Jedenfalls bekamen wir dann nur eine Wohnung ohne Balkon im achten, im letzten Stock. Und während des Krieges hat sich das als großer Nachteil erwiesen, weil eine Bombe das Dach zerstörte. Es regnete ständig durch. In unserem Korridor waren Bretter ausgelegt, auf denen wir über die Pfützen balancierten.

Als wir in die neue Wohnung zogen, hatte Ilja wenig Geld, und wir konnten uns keine Möbel anschaffen. So dienten uns Iljas Bücher lange Zeit als Tisch und Stuhl.

Der Bucharin-Prozeß

1938 war also mein Vater nach Moskau gekommen, und das war sehr dumm von ihm. Er kam wegen der Wohnung und wegen der großen Rustaweli-Feier. Der alte georgische Nationaldichter hatte irgendein Jubiläum. Mein Vater fuhr nach Tbilissi und konnte viele Leute, die er gut gekannt hatte, nicht mehr finden. Sie waren alle verhaftet. Der Dichter Tizian Tabidse hatte sich umgebracht. Manche waren erschossen worden. Mein Vater lebte ein halbes Jahr in Moskau. Man wollte ihn nicht wieder ins Ausland lassen. Er wollte unbedingt als Korrespondent der *Iswestija* zurück nach Spanien. In dieser Zeit wurden Lapin und er Freunde.

Mein Vater war in einer schrecklichen seelischen Verfassung. Schließlich schrieb er Stalin einen Brief. Ich weiß nicht mehr genau, was darin stand. Jedenfalls schrieb er, daß er im Westen gebraucht werde. Daß er unbedingt nach Spanien müsse. Er hat 1938 alles gesehen. In diesem Jahr fand doch der Bucharin-Prozeß statt. Bucharin war sein Freund. Als Ilja vom Prozeß, an dem teilzunehmen man ihn gezwungen hatte, nach Hause kam, konnte er nicht sprechen. Er mußte sich hinlegen. Drei Tage lang hat er geschwiegen und nichts gegessen. Doch wir haben auch ohne ihn alle Einzelheiten vom Prozeß erfahren. Das war in Moskau Gesprächsthema. Wir hatten immerhin Freunde, die keine Angst hatten, mit uns darüber zu reden. Von Kolzow übrigens, der auch in Spanien war und der verhaftet wurde, sprach man schlecht. Es wurde erzählt, er habe für den NKWD gearbeitet. Aber er wurde erschossen. Es ist also zu bezweifeln, ob das stimmt.

Leider haben wir damals von vielen schlecht gesprochen. Damals tauchte das Wort *stukatsch*, eine abwertende umgangssprachliche Beziehung für Denunziant, auf. Auch von dem Literaturkritiker Stejnitsch, der dann verhaftet und erschossen wurde, sprach man schlecht. Ein sehr sympathischer Mann aus Leningrad. Borja und ich gingen oft ins Hotel »National« essen. Dort lichteten sich die Reihen. Immer mehr wurden verhaftet.

1939 wurde es ein wenig besser. Obwohl . . . Wann war der Tuchatschewski-Prozeß, 1937? Ich kann mich nicht mehr an die einzelnen Daten erinnern.

An die Schuld der Angeklagten haben wir nie geglaubt, aber wir haben immer versucht, eine plausible Erklärung zu finden, warum sie verhaftet wurden. So wie ich es im Fall Natascha Stoljarowa erzählt habe. Und keiner glaubte, daß Stalin das alles bekannt sei. Ich auch nicht. Die Kraft der Ergebenheit war so groß, daß alle dachten, Stalin wisse davon nichts.

Die Anklagerede des Generalstaatsanwalts Wyschinski habe ich nicht gelesen. Ich wußte, daß er eine gehalten hat. Doch natürlich, ich kannte ja diese schreckliche Rede aus der Zeitung. Ob sie im Rundfunk übertragen wurde, weiß ich nicht mehr. Ich erinnere mich nicht. Ich weiß nur, daß damals viele Leute *posor*, »Schande«, geschrien haben. Gott, damals haben alle geschrien. Alle waren fanatisiert. Denken Sie bloß an die hysterische Stimmung während Stalins Beerdigung.

Stalins Tod und die Pudelhündin Tschuka

Meine Pudelhündin Tschuka bekam ausgerechnet an dem Tag Junge, an dem wir von Stalins Tod erfuhren. Es war schrecklich. Eine kleine Hündin, die es nicht fertigkriegte, ihre Kinder zur Welt zu bringen. Sie war noch ganz jung. Ich wohnte in der alten Wohnung meines Vaters in der Lawruschinski-Gasse. Er hatte eine andere Wohnung bekommen, und in unsere Wohnung hatte man noch einen General mit seiner Generalin hineingesetzt. Das waren fürchterliche Antisemiten. Die Generalin haßte Fanja, ein jüdisches Mädchen, von dem ich noch erzählen werde. Und sie haßte Hunde. Tschuka brauchte nur die Pfote aus unserem Zimmer zu stecken, schon trat die Generalin drauf. Das Telefon stand im Korridor. Den Tierarzt konnte ich also nur von dort aus anrufen, und das war schlicht unmöglich.

Das kann man sich heute nur schwer vorstellen, wie das war.

In der Nacht, als Stalin starb, hatte meine Hündin Tschuka Wehen, und ich konnte den Tierarzt nicht anrufen. Ich ging also selbst mit der Hand hinein, erwürgte die Jungen und rettete so Tschuka das Leben.

Ich hatte also keine Zeit zu trauern, als Stalin starb. Mein Vater jedoch trauerte. Ich fragte ihn: »Warum bist du so bekümmert?« Und er sagte: »Jetzt kommt's noch schlimmer.« Und mir schien, schlimmer geht's gar nicht mehr.

Den XX. Parteitag, auf dem Stalin entlarvt wurde, habe ich in Moskau erlebt. Es wurde in der Stadt viel darüber gesprochen. Es gab auch noch viele Gerüchte über Stalin. Wie er gestorben sei. Es gingen viele Legenden um. Na, Legenden sind ja bei uns beliebt. Wie er im Sterben lag. Wie er keinen Arzt an sich herangelassen haben soll. Bis heute weiß ich nicht, wie er tatsächlich gestorben ist. Auch über seine Tochter Swetlana gingen Legenden um.

»Wir leben jetzt besser, wir leben jetzt froh«

Zurück zu den dreißiger Jahren, als wir in der Sowjetunion »den Kommunismus aufbauten«. Das pathetische Lied »Denn es gibt kein andres Land auf Erden, wo das Herz so frei dem Menschen schlägt« habe ich nie gesungen. Die Komsomolzen haben das gesungen. Die Intelligenz bestimmt nicht. »Wir leben jetzt besser, wir leben jetzt froh«, diese Losung Stalins hat man nur im ironischen Sinn gebraucht. Denn den Menschen ging es in Wirklichkeit sehr schlecht. Lieder dieser Art haben wir damals schon ironisch gesehen. Jetzt zeigt man das alles im Fernsehen, in Dokumentarfilmen, und alles lacht. Aber auch damals haben die Leute schon darüber gelacht. Ich bin nie in den Komsomol und nie in die Partei eingetreten.

Wie also »gingen wir zum Kommunismus«? Mit Losungen vor allem. Überall hingen Losungen. Aber diese Losungen haben wir schon gar nicht mehr wahrgenommen. Verwunderlich war, daß wir durch die Porträts, die an den Feiertagen aufgehängt wurden, erfuhren, wer von seinem Posten abgesetzt, wer aus dem ZK, wer aus dem Politbüro verschwunden war. Am Telegrafenamt in der Gorkistraße hingen zu Feiertagen die Porträts aller Führer. Auch wer zu Feiertagen auf dem Mausoleum stand, auch dadurch wußte man Bescheid. Die Losungen jedoch, die haben wir nicht mehr wahrgenommen. Einmal haben mich Ausländer gefragt: »Komisch, warum hängen bei euch überall Losungen herum?« Darauf ich: »Losungen? Was denn für Losungen?« Niemand hat sie beachtet. Die Losung »Moskau – eine vorbildliche kommunistische Stadt« hing noch kurz vor der Perestroika auf dem Majakowski-Platz. Halt, was rede ich, sogar noch zu Anfang der Perestroika! Das war natürlich lächerlich. Alle haben darüber gelacht. Ich weiß nicht einmal, ob überhaupt jemand an den Kommunismus geglaubt hat. Ich kenne nur sehr wenige, die das wirklich getan haben. Wie zum Beispiel meinen Freund, den Theaterkritiker Altman. Der hat fest daran geglaubt. Aber er sah alles, was in der Sowjetunion passierte, sehr kritisch und wurde dann auch verfolgt.

Ich spreche natürlich nur von der Intelligenz. Wie es in der Arbeiterklasse aussah, weiß ich nicht. Ich kannte dort niemanden. Aber während des Krieges, als ich als Korrespondentin gearbeitet habe, habe ich viele einfache Leute, Soldaten, kennengelernt. Ich glaube, auch die haben nicht daran geglaubt. Jedenfalls hat niemand darüber gesprochen. Keiner sprach von Stalin oder vom Kommunismus. Die Soldaten redeten nur davon, daß die Hitlerleute, die *gitlerowzy*, geschlagen werden müssen. Das war Soldatengespräch.

Aber unter den Offizieren war damals der Antisemitismus weit verbreitet. Viele Offiziere waren Antisemiten. Ich habe Ihnen doch von Scholochow erzählt, der gesagt hat: »Nicht alle Juden haben klein beigegeben.«

Als ich während des Krieges einmal mit dem Zug nach Odessa fuhr, saß ein Hauptmann in meinem Abteil, der verkündete, alle Juden seien feige und säßen im Hinterland herum. Ich weiß auch nicht warum, aber ich habe ihm nicht widersprochen. Doch dann bin ich auf die Toilette gegangen und habe dort vor Kränkung geweint.

Ich weiß nicht, ob irgend jemand geglaubt hat, daß irgendwann einmal der Kommunismus kommt. Diese Gleichmacherei, die war schrecklich. An die Aktivisten allerdings, an die haben wir anfangs geglaubt. An die Existenz von Stachanow-Arbeitern, diesen Bestarbeitern, die die Arbeitsnorm übererfüllten. Von Stachanow wird jetzt erzählt, daß er tatsächlich ein sehr guter Arbeiter war. Daß er den Plan tatsächlich übererfüllt hat. Und wir dachten, man hätte ihm besondere Bedingungen geschaffen, damit er den Plan übererfüllen konnte. Daß andere für ihn mitgearbeitet hätten. Da gab es noch diese Dussja Winogradowa. Eine Bestspinnerin. Unser Mißtrauen ging in den letzten Jahren schon so weit, daß wir gar nichts mehr glaubten. Vielleicht gab es tatsächlich Leute, die gut gearbeitet haben. Und wir dachten, das sei alles eine Propagandalüge.

Meyerhold

In den dreißiger Jahren war ich oft im Meyerhold-Theater, weil mein Vater mit Meyerhold befreundet war und mich mit ihm bekannt gemacht hatte. Meyerhold wollte aus mir eine Schauspielerin machen. So wie der Maler Robert Falk aus mir eine Malerin machen wollte. Keine Ahnung, wie die beiden auf diese Ideen gekommen sind. Ich jedenfalls wollte etwas ganz anderes. Na gut, Meyerhold lud mich also zu Proben ein. Das war sehr interessant, denn er probte zum Beispiel Gogols *Revisor*.

Doch ich muß sagen, daß Meyerhold auf mich den Eindruck eines Menschen mit äußerst schwierigem Charakter gemacht hat. Aber das ist nicht für die Veröffentlichung bestimmt. Warum eigentlich nicht? Geniale Künstler haben wohl oft einen schwierigen Charakter und sind nicht immer die besten Menschen.

Meyerhold spielte alles vor. Er schuf die Schauspieler. Nicht der Schauspieler selbst bestimmte seine Rolle, sondern Meyerhold dachte sich für den Schauspieler die Sachen aus, spielte für ihn und verlangte, daß der Schauspieler es genauso mache – wobei er sich wunderbare Sachen ausgedacht hat. Zum Beispiel hat er einen Schauspieler wie einen Hahn angezogen. Er war der Meinung, daß diese Figur die Seele eines Hahns haben müsse. Das war genial.

1938 wurde das Meyerhold-Theater wegen Formalismus geschlossen. Sein Theater war in Moskau etwas ganz Neues. Das Moskauer Künstlertheater dagegen mochte ich nicht. Ich hatte mir einmal mit Borja, der gern dorthin ging, *Auferstehung* von Lew Tolstoi angesehen. Der berühmte Katschalow las auf der Bühne. Und das hat mir so mißfallen ... Ich fand es zu theatralisch. Konventionelles, traditionelles Theater, nichts Neues. Und da ich nun einmal revolutionär eingestellt war, gefiel es mir nicht, allen Bemühungen Borjas zum Trotz.

Leider hat man Meyerhold heute vergessen, obwohl er, wie mir scheint, das Theater in der ganzen Welt beeinflußt hat. Wie gut erinnere ich mich noch an den *Wald*, auch an Gogols *Revisor*, den habe ich mehrere Male gesehen.

Wir wußten nichts davon, daß Meyerhold 1940 erschossen wurde. Wie seine Frau Sinaida Reich 1939 umgekommen war, das war bekannt. Wir wußten, wie sie ermordet wurde. Das ging in Moskau um wie ein Lauffeuer. Nach außen sollte es aussehen wie ein Wohnungseinbruch. Aber in Moskau kam das Verbrechen sofort raus. Alle wußten, daß man die Reich umgebracht hatte. Daß es der NKWD war ...

Es war eine schreckliche Zeit, und ich kann die Leute nicht verurteilen, oder besser gesagt, ich verstehe die Menschen, die Falschaussagen über Ehrenburg und über mich gemacht haben, wie Meyerhold. Daß wir sie angeblich in eine Spionagetätigkeit hätten hineinziehen wollen, wir hätten sie angeblich dazu überredet, als Spione für die amerikanische Organisation »Joint« zu arbeiten. Die Menschen wurden bei den Verhören dermaßen gequält und gefoltert ...

Meyerholds Verhör wurde nirgends veröffentlicht. Er hat Ehrenburg und mich beschuldigt. Und dann hat er einen schrecklichen Brief geschrieben, in dem er alles widerruft. Man könnte heulen. Er war übrigens kein junger Mann mehr, als er verhaftet wurde. Schon über sechzig. Kein Mensch weiß, wie man sich selbst bei so einem Verhör verhalten hätte. Ich weiß es nicht, und Sie wissen es auch nicht. Das ist ja das Schlimme. Daß man nicht für sich bürgen kann in solchen schrecklichen Augenblicken. Von Bucharin weiß ich, daß man ihm drohte, seine Tochter umzubringen. Zwei Jahre war Lidija damals, die Tochter aus erster Ehe. Das ist schwer. Niemandem kann man die Schuld geben. Mit Krestinski war es anders. Ich erinnere mich noch: Als er sich von seinen Aussagen öffentlich im Prozeß distanzierte, wie wurde das in Moskau diskutiert. Das war eine Sensation. Wir glaubten damals, die Angeklagten bekämen Spritzen. Das ist bis heute nicht bewiesen. Aber wir glaubten, mit den Spritzen seien sie dazu gebracht worden, gegen sich selbst auszusagen.

Von meiner Freundin Natascha habe ich übrigens in dieser Zeit einen dreieckigen Feldpostbrief bekommen. Wie im Krieg. Sie hatte ihn aus dem Zug geworfen, als sie von einem Lager in ein anderes transportiert wurde. Jemand hat ihn gefunden und mir zugeschickt. Sie bat mich um warme Kleidung. Ich packte alles in ein Paket und ging auf den Kusnezki-Most, wo sich die Annahmestelle für Post an Lagerhäftlinge befand. Ich kannte die ganze Prozedur, wie das ablief mit der Annahme von Päckchen und Post für Gefangene. Später wurde nichts mehr für sie in Empfang genommen. Sie hatte zehn Jahre bekommen mit Einzug des gesamten Vermögens und ohne Recht auf Korrespondenz. Das bedeutete für gewöhnlich Erschießung. Aber sie wurde nicht erschossen.

Die Stalin-Brücke

Ich möchte Ihnen eine ganz verwunderliche Geschichte erzählen, die meinem Freund Wassja Granowski widerfahren ist. Er wurde in Paris geboren. Seine Mutter Mila war eine Freundin von Ilja und Ljuba. Sie war Malerin. Anfang der dreißiger Jahre kam sie mit ihren Zwillingen zu Besuch nach Moskau. Wassja und seine Schwester Sonja blieben in der Sowjetunion. Die Mutter war gestorben. Wassja war Sportler. Er und seine

Frau waren einmal in der Taiga unterwegs. Sie machten eine Kanufahrt, legten irgendwo an und streiften durch die Taiga. Plötzlich erblickten sie eine gewaltige Brücke, die über ein winziges Flüßchen führte, und wunderten sich, woher diese mächtige Brücke stammte. Dann sahen sie Gräber, auf denen Namen standen. Und dann sahen sie Knochen. Sie waren auf ein ehemaliges Lager gestoßen, das liquidiert worden war. Wie bei *Ruslan und Ludmilla*. In der tiefsten Taiga. Die Brücke hatte überhaupt keinen Sinn. Man hätte das Flüßchen bequem auch zu Fuß überqueren können. Aber die Gefangenen waren ja zur Zwangsarbeit verurteilt.

Als mir Wassja das erzählte, konnte ich mir die Brücke lebhaft vorstellen. Voller Pomp, mit Balustraden, eine richtige Stalin-Brücke.

Eine furchtbare Zeit war das, die Jahre 1936, 1937, 1938. Aber ich glaube, damals war die Intelligenzija nicht so zerstritten wie heute. Alle meine Bekannten lehnten die Hetzkampagnen gegen die Künstler ab. Alle regten sich auf, als 1936 in der *Prawda* der Artikel gegen Schostakowitsch erschien: »Tohuwabohu statt Musik.« Tohuwabohu statt Musik – das muß man sich mal vorstellen. Und als die RAPP-Leute verhaftet wurden, freuten wir uns. Awerbach – das war ein Diktator. Er hat viele Schriftsteller verleumdet. Hat sie alle gezwungen, auf gleiche Weise zu schreiben. Man konnte damals noch nicht wissen, daß diese RAPP-Leute umgebracht werden würden. Zu ihrer Zeit waren sie selbst diktatorisch.

Kriegsausbruch
Borja

Borjas Wissensdurst war sein Untergang. In den mongolisch-japanischen Krieg 1939, zum Chalchin-gol, ist er aus purer Neugier gegangen. Um die Mongolei kennenzulernen. Dafür mußte er Soldat werden. Dabei war er aus gesundheitlichen Gründen nicht kriegsverwendungsfähig. Er beantragte dennoch, als Soldat zugelassen zu werden. Es heißt, er sei dort sehr tapfer gewesen. Das hat mir Ortenberg, ein Redakteur der Armeezeitung *Krasnaja swesda*, während des Zweiten Weltkriegs erzählt. Er war ebenfalls am Chalchin-gol Redakteur. Er erzählte: Als es überraschend zu einem Gasangriff kam, sprangen Borja und sein Freund Chazrewin, anstatt die Gasmasken aufzusetzen, aus dem Schützengraben, um die Wirkung des Gases zu erkunden.

Borja war also wehrpflichtig und bereits Intendant dritten Ranges, als er im Zweiten Weltkrieg an die Front ging. Als der Krieg begann, war er in Riga. Und ich wartete in Moskau jeden Tag auf ihn. Ich habe stundenlang auf dem Bahnhof gestanden und alle Züge abgewartet. Später stellte sich heraus, daß er und sein Freund Sachar Chazrewin – seinetwegen ist er später umgekommen – dem Dichter Kirsanow und dessen sechzehnjähriger Frau Raja ihre Militärfahrkarten überlassen hatten. Die beiden hatten große Angst, weil dort am ersten Kriegstag auf Russen geschossen wurde. Und Sachar und Borja wußten nicht, wie sie wieder zu Fahrkarten kommen könnten. Die ersten waren ihnen ja zugeteilt worden, weil sie in die Armee eingezogen wurden.

Irgendwie haben sie dann doch Fahrkarten erhalten, und Borja traf am dritten Kriegstag auf dem Dach eines Zuges in Moskau ein. Ich bin fast verrückt geworden. Sie wurden gleich in die Redaktion der *Krasnaja swesda* bestellt und nach Kiew geschickt. Einen Monat später sind sie in einem Jeep, einem Willys, für zwei Tage noch einmal nach Moskau gekommen. Aus unerfindlichen Gründen mit einem Fahrer. Sie mußten in die Redaktion. Ich fuhr mit den beiden dann nach Peredelkino, auf Iljas Datscha. Dort lasen sie *Wem die Stunde schlägt* von Hemingway. Borja schrieb mir zur Erinnerung seine Gedichte in das kleine Lederbändchen. Dieses Album ist das einzige, was ich mitgenommen habe, als ich nach Kuibyschew evakuiert wurde. Die Gedichte hat er nachts aufgeschrieben. Wann er das Hemingway-Buch gelesen hat, ist mir ein Rätsel – aber er hat es gelesen.

Das erstemal waren sie mit dem Zug nach Kiew gefahren. Vom Kiewer Bahnhof aus. Ich habe sie begleitet. Der Kiewer Bahnhof war von Glas übersät – alle Scheiben waren zerborsten. Wahrscheinlich von einem Bombenangriff. Das erstemal waren sie also mit einem Militärtransport gefahren, das zweitemal mit dem Jeep. Diesmal begleitete ich sie nicht. Sie fuhren von der Lawruschinski-Gasse ab, wo ich damals wohnte. Borja hat mich jeden Tag angerufen. Solange er konnte.

Der letzte Anruf

Der letzte Anruf . . . Das Telefon stand im Korridor. Das war, als Ehrenburg noch in der Wohnung in der Lawruschinski-Gasse wohnte. Ich schlief bei geöffneter Zimmertür, damit ich aufwachte, wenn das Telefon klingelt. Ich wachte nachts vom Läuten auf und fand mich nicht im Zimmer zurecht. Die Fenster waren verdunkelt. Ich wußte nicht, wo das Fenster ist, wo der Lichtschalter, wo die Tür. Ich war völlig verstört. Ich irrte durchs Zimmer und stieß alle Blumentöpfe und Bücher herunter. Ich hörte das Telefon im Korridor klingeln und fand die Tür nicht. Lange irrte ich umher, bis das Telefon verstummte.

Später begriff ich – das war sein letzter Anruf. Denn ein paar Tage später, am 21. September 1941, wurde Kiew eingekesselt. Viele Korrespondenten haben es noch geschafft, aus diesem Kessel herauszukommen. Der Kessel war zu Anfang noch nicht geschlossen. Borja und sein Freund hätten herauskommen können. Aber Sachar Chazrewin spuckte Blut. Er lag auf einem Heuhaufen und konnte nicht laufen. Korrespondenten sind merkwürdige Leute. Sie hatten doch eine Zeltplane und hätten Sachar drauflegen und aus dem Kessel tragen können. Statt dessen versuchten sie, Borja zu überreden, allein mit ihnen zu gehen, ohne Sachar. Und Borja sagte: »Nein, ich lasse Sachar nicht im Stich. Er kann nicht laufen. Und ich habe einen Revolver.« Ob er überhaupt schießen konnte, weiß ich nicht. Später gingen viele Legenden um, daß man sie gesehen habe, daß sie sich hätten retten können, daß sie ins Lager gekommen seien. Das ist alles erfunden. Vor einem halben Jahr habe ich endlich begriffen, wie sie umgekommen sind. Sicher hat Borja erst Sachar und dann sich erschossen. Das ist schrecklich. Aber

Boris Lapin (rechts) an der Kiewer Front. 1941

eine andere Lösung gibt es nicht. Wie sollten sie sonst umgekommen sein? In Gefangenschaft sind sie nicht gekommen, das ist sicher. Borja hätte sich nicht ergeben, Sachar vielleicht, denn er war krank. Er war Epileptiker. Er hatte einen Anfall und spuckte Blut. Als Epileptiker war er eigentlich nicht kriegsdienstverpflichtet. Er war immer ein merkwürdiger Mensch. Er war schön und faul, aber auch neugierig. Er war ja auch mit in der Mongolei. Obwohl er Epileptiker war.

Später habe ich mit großer Mühe Borjas Buch durchgeboxt, Gedichte und pseudodokumentarische Erzählungen. Konstantin Simonow hat einen Gedichtband von Lapin durchgesetzt, der 1976 in Moskau erschien. Vier Jahre hat er darum gekämpft. Lapin hatte seinerzeit Simonow sehr gehofen, als dieser noch jung und unbekannt war. Simonow fühlte sich Lapin verpflichtet.

Borja ließ ein ganzes Märchenbuch in Moskau zurück, als Manuskript. Moderne Märchen. Unsere Hausangestellte Nastja blieb in unserer Wohnung, als ich nach Kuibyschew evakuiert wurde. Als ich wiederkam, stürzte sie tränenüberströmt auf mich zu, wollte mich küssen und sagte: »Arme kleine Jüdin!« Es stellte sich heraus, daß sie alles verbrannt hatte, was ich von Lapin zurückgelassen hatte. Auch dieses Manuskript. Ehrenburs Sachen hatte sie aus unerfindlichen Gründen nicht angerührt. Das Porträt von Dolores Ibarruri mit einer Widmung »Dem lieben Ehrenburg« hatte sie für alle sichtbar aufgehängt. Und das angesichts der Deutschen! Sie hatte überhaupt nicht den blassesten Schimmer, was sie tat. So hatte sie in der Wohnung gesessen und der Dinge geharrt, die da kommen, der Deutschen nämlich. Viele waren damals in Moskau geblieben und rechneten mit dem Einmarsch der Deutschen. In der Hoffnung, daß sie mir verraten würde, wo die Manuskripte von Lapin liegen, drohte ich ihr mit der Miliz. Sie wurde schließlich abgeholt, und ich wurde zu ihrem Verhör geladen. Aber als ich dieses verheulte Geschöpf, diese Nastja, sah, begriff ich, daß es keinen Zweck hat, daß sie die Manuskripte tatsächlich verbrannt hatte. Ich flehte die Miliz an, sie freizulassen. Und das Merkwürdigste: Einige Zeit später rief sie mich an und bat mich, sie doch bitte wieder als Hausangestellte aufzunehmen. Ich antwortete ihr: »Ich kann Ihre Stimme nicht hören.« Sie hat nie verstanden, was sie da angerichtet hatte. Daß sie Manuskripte vernichtet hatte, die nur als Originale existiert hatten. Die Märchen, die modernen Märchen, in denen Borja das einzige Mal in seinem Leben seine Seele offenbart hatte. Ich kann mich noch ungefähr an jedes einzelne erinnern. Von einem Märchen habe ich noch die handschriftliche Fassung. Es ist eine Allegorie, ähnlich den Fabeln von Krylow. Er hat allegorisierend über die Gegenwart geschrieben.

Nach dem letzten Telefonanruf habe ich den ganzen Krieg über auf ihn gewartet. Es kam keine Botschaft von ihm. Ich habe gewartet, obwohl ich eine Todesnachricht bekommen hatte. Die wurde mir von der Armeezeitung *Krasnaja swesda* ausgehändigt. Doch ich wußte, daß sein Schicksal unbekannt ist. Zumal über ihn Legenden erzählt wurden. Ich habe bis 1945 gewartet, da habe ich begriffen, daß er nicht mehr lebt, daß er umgekommen ist. Meine Adoptivtochter Fanja und ich liefen am 9. Mai 1945, am Tag des Sieges, durch Moskau und weinten. Am 9. Mai gab es Menschen, die lachten, und Menschen, die weinten. Mit unserem Hund Ugoljok – Kohlenstückchen – gingen wir am 9. Mai zu Freunden. Als wir in der Tür standen, sagte meine Freundin: »Mit dem Hund könnt ihr nicht rein, ich habe gerade den Fußboden gebohnert.« Von diesem Moment an sprach ich kein Wort mehr mit ihr. Sie war meine Freundin. Der Fußboden war für sie wichtiger als der Sieg.

Ich habe nie wieder geheiratet. Ich hatte Liebesverhältnisse, und ich war sehr froh, daß ich mich auch nach Borja noch verlieben konnte. Doch ich hatte immer das Gefühl, daß ich einen Fremden ins Haus bringe. Borja war mir nahe, und alle anderen Männer waren mir fremd. So blieb ich mein ganzes Leben allein.

Die Synagoge

Bei Ausbruch des Krieges 1941 wohnte ich ja in der Lawruschinski-Gasse. Im selben Haus wohnte auch Iogan Altman, ein Theaterkritiker jüdischer Abstammung, der die Redaktion für eine Armeezeitung aufstellte. Sie hieß *Unitschtoschim wraga* (Wir vernichten den Feind), mit dem Untertitel *Tod den deutschen Okkupanten.* In der Redaktion der Zeitung arbeiteten hauptsächlich belorussische Juden, die ihre Familien verloren hatten. Belorußland war ja gleich am Anfang von den Deutschen besetzt worden. Diese Männer waren übriggeblieben und hatten zusammen mit Altman die Zeitung gegründet.

Altman war ein orthodoxer Kommunist und ein sehr guter und tapferer Mensch. Am 16. Oktober 1941, als sich alle anderen aus Moskau evakuieren ließen, gründete er diese Zeitungsredaktion und fuhr in Richtung Moschaisk, nach Westen, zur 5. Armee, die verschollen war. Er suchte lange und fand sie schließlich.

So etwas Merkwürdiges. Irgendwo hatte ich noch ein Exemplar der Zeitung *Wir vernichten den Feind*, vor kurzem habe ich es noch gesehen, und jetzt kann ich es nicht mehr finden. Mit einem Artikel von mir. Ich wollte nachweisen, daß ich in dieser Zeitung gearbeitet habe. Ich brauche das für meine Rente. Und nun finde ich nicht einmal mehr eine einzige Ausgabe. Im Militärkommissariat sagte man mir, diese Zeitung habe es nicht gegeben. Doch in der Kriegsenzyklopädie habe ich sie entdeckt.

Die Zeitung kam täglich heraus, für die 5. Armee, sie hatte vier Seiten. Ich schrieb über Rotarmisten. Ich machte an der Front Interviews mit ihnen. Mich hatte das Ministerium für Gesundheitswesen an die Front geschickt. Ich sollte Material zum Thema »Mediziner an der Front« sammeln. Und so kam ich zu dieser Zeitung. Früh am Morgen versammelte Altman alle Mitarbeiter, und jeder bekam einen Auftrag. Davor hatten wir Politinformation. Ohne das ging es bei uns nicht.

Die Redaktion lag die ganze Zeit in dem Dorf Sukonniki bei Moschaisk. Wir sind kein einziges Mal umgezogen. Jedenfalls nicht in den anderthalb Monaten, als ich dort war. Wir waren insgesamt drei Frauen: Ara Altman, die Lukaschewskaja und ich. Mit der Lukaschewskaja wohnte ich in einem Zimmer. Ara wohnte zusammen mit Altman. Das Dorf war nicht zerstört. Die Bewohner waren ausgesiedelt worden. Außer dem Hund Bobik war keiner mehr da. Wieder ein Hund. In meinem damaligen Kriegstagebuch fand ich neulich sogar die Notiz: »Bobik lacht.« Er konnte also lachen. Wir fütterten ihn. Unsere Lebensmittel bekamen wir von der Armee, und wir kochten immer abwechselnd. In einem der Häuser war die Druckerei untergebracht.

Die Redakteure der Zeitung waren eng miteinander be-

Mit der Redaktion von »Wir vernichten den Feind«. 1942

freundet, es waren alles gute Menschen. Wir hatten damals ein Orchester aus Kochtöpfen und Bratpfannen. Ich erinnere mich noch, wie wir am 31. Dezember 1942 Silvester feierten. Wir bekamen keinen Wodka. Alle anderen Journalisten bekamen welchen, nur wir nicht. Wir feierten mit Limonade. Und mit unserem Orchester. Ein richtiges jüdisches Orchester. Auf alle Fälle war es sehr lustig. Das heißt, ich war nicht mehr lustig, denn Kiew war bereits eingekesselt. Und dort saß Borja, mein Mann.

So habe ich also bei dieser Zeitung gearbeitet. Insgesamt waren wir fünfzehn Leute. Altman war sehr demokratisch. Zu den Druckern, zu allen. Er hatte eine große Anziehungskraft.

Später wurde die Redaktion von Iogan Altman aufgelöst. Weil ein General ihn angeschrien hatte, er habe »eine Synagoge organisiert«: »Diese Synagoge muß aufgelöst werden!« Und *Wir vernichten den Feind* wurde verboten. Und inzwischen wird behauptet, es habe die Zeitung gar nicht gegeben. Die Zeitung wurde Ende 1943 eingestellt. Altman wurde zu einer anderen Armeezeitung geschickt, dort arbeitete er nicht mehr als Chefredakteur. Und seine Frau Ara kam als Krankenschwester in ein Lazarett. Es wurde behauptet, seine Frau sei ja bloß wegen ihres Ehemannes bei *Wir vernichten den Feind*, also bloß durch Beziehungen. Dabei war zuvor ihr Sohn bei der Landwehr umgekommen. Die Front war für Altmans Frau kein Zuckerlecken. Sie erhielt immer die gefährlichsten Aufträge. Sie machte Dienstreisen zu den schrecklichsten Orten. Gerade aus dem Grunde, damit man Altman nicht nachsagen konnte, seine Frau sei nur über ihn zur Zeitung gekommen und würde bevorzugt ...

Gleich nach dem Krieg, während der Kosmopolitismus-Kampagne, wurde auch Altman angegriffen. Sein Name wurde mit kleinen Anfangsbuchstaben geschrieben: iogan altman. In jenen Jahren der Hetze haben die sowjetischen Behörden grundsätzlich jüdische Namen in Zeitungen kleingeschrieben. Man wollte die Juden auf diese Weise erniedrigen.

Iogan Altman ist auf einer Versammlung im Schriftstellerverband an einem Herzschlag gestorben. Ich glaube, das war 1950, noch zur Zeit der Kosmopolitismus-Kampagne. Altman war Theaterkritiker und wurde in allen Zeitungen heftig angegriffen. Außerdem wurde ihm vorgeworfen, er habe aus der Redaktion der Armeezeitung *Wir vernichten den Feind* ein Familienunternehmen gemacht, die Zeitung sei von der jüdischen Mafia organisiert worden. Altman wurde aus der Partei ausgeschlossen, und sein alter Freund Alexander Fadejew, der damals Vorsitzender des sowjetischen Schriftstellerverbandes war, verlangte auf dieser Versammlung, ihn unverzüglich auch aus dem Verband auszuschließen. Und Altman hatte immer an den Kommunismus geglaubt.

Kriegsberichterstatterin

Nachdem Altman mich weggeschickt hatte, fuhr ich zurück nach Moskau. Einige Zeit später kam ich im Auftrag der *Komsomolskaja prawda* nach Odessa, um einen Bericht über die Ankunft des Dampfers zu schreiben, der 1945 russische Kriegsgefangene in die Sowjetunion zurückbrachte – sie waren aus faschistischen Lagern in Frankreich und Deutschland geflohen und hatten bei französischen Partisanen gekämpft.

Ich besitze einige der Artikel noch, die ich damals geschrieben habe. Von meinem Vater hatte ich einzigartiges Material bekommen. Ein Soldat hatte ihm Briefe geschickt, die er an der Front gesammelt hatte – es waren Briefe von Frauen, die ohne ihre Männer nicht auskommen konnten und sie betrogen hatten. Ein Brief hat mich sehr erschüttert. Ich kann mich noch erinnern, was darin stand: »Wanjetschka, Du bleibst mir der Liebste. Ich jage ihn gleich davon, wenn Du wiederkommst. Ich brauchte jemanden, der die Kuh auf die Weide treibt und Holz hackt, und Du bist nicht da.« Ich schrieb daraufhin den Artikel »Abseitsstehende«, der ein großes Echo fand. In der Redaktion gingen viele Leserbriefe ein. Ich habe diese Frau in meinem Artikel verurteilt, ja, stellen Sie sich vor, ich habe geschrieben, daß sie nicht zu uns, zum sowjetischen Volk gehöre. Selbst wenn Sie Mitleid mit ihr haben, ich kann auch heute mein Urteil nicht zurücknehmen.

Ich habe auch im Auftrag der Armeezeitung *Krasnaja swesda* geschrieben. Zum Beispiel über ein Lager in Litauen – über das »Neunte Fort«. In diesen ehemaligen Kasematten wurden Juden aus ganz Europa zusammengetrieben und erschossen. Ich habe das Lager 1944, als es die Deutschen gerade verlassen hatten, besucht und darüber berichtet. Neulich habe ich den Artikel in meinen Unterlagen gefunden. Hier: ». . . im

November 1941 gingen 2000 österreichische und tschechische Juden den Weg in das Neunte Fort. Es waren alte Menschen und Kinder, man hatte ihnen gesagt, sie würden nach Amerika geschickt werden, und sie hatten das geglaubt. Am 28. Oktober 1941 erstreckte sich vom Ghetto in Kaunas bis zum Neunten Fort eine Kolonne von elftausend Menschen – die litauischen Juden wurden ins Lager gebracht. Denselben Weg trieben die Deutschen Anfang Dezember 1941 4000 Juden aus Westeuropa, am 15. Dezember kam eine neue Gruppe von 3000 Menschen. Im Frühjahr 1941 waren diesen Weg schon 800 französische Jugendliche gegangen, sie marschierten und sangen. Russen, Litauer, Polen, Österreicher, Engländer, Franzosen, Belgier – in den drei Kriegsjahren sind mehr als siebzigtausend Juden ins Neunte Fort, das ›Todesfort‹, gebracht worden.«

Ich habe den ganzen Krieg hindurch Artikel für die Armeezeitung geschrieben. Im Sowinformbüro habe ich ebenfalls gearbeitet, bis das Büro geschlossen wurde. Das war, als Solomon Losowski, der Leiter des Sowinformbüros, verhaftet wurde. Losowski war führendes Mitglied des Jüdischen Antifaschistischen Komitees (JAK) und wurde 1949, zur Zeit der Kosmopolitismus-Kampagne, eingesperrt und 1952 umgebracht. Man warf ihm, wie auch den anderen Mitgliedern des JAK, vor, er sei Spion des amerikanischen Imperialismus und Mitglied der Spionageorganisation »Joint« gewesen. Die Juden wurden beschuldigt, sie hätten angeblich auf der Krim einen eigenen Staat gründen, sich von der Sowjetunion lösen und sie unterwandern wollen.

In Kuibyschew, in der Evakuierung, habe ich für einen französischen Sender gearbeitet, ich sprach über Funk zur französischen Résistance. Meine Ansprachen wurden mitgeschnitten. Ich habe sie mir später einmal angehört und festgestellt, daß ich eine sehr traurige Stimme hatte.

Ich habe also den ganzen Krieg über gearbeitet. Ich habe überhaupt mein ganzes Leben über hart gearbeitet. Ich kann mich nicht erinnern, daß ich einmal die Hände in den Schoß gelegt hätte.

Neulich haben sie im Fernsehen eine Frau gezeigt, die über die humanitäre Hilfe aus Deutschland ein Paket bekam. Sie sagte: »Ich habe mein ganzes Leben geschuftet. Und was habe ich davon? Ich bin auf die Hilfe fremder Menschen angewiesen!« So bitter ist unser Leben.

Zum ersten Mal an der vordersten Front

Ich erzähle jetzt, wie ich im Krieg zum ersten Mal auf Dienstreise geschickt wurde. An die vorderste Front. Das war noch für die Zeitung *Wir vernichten den Feind.* Morgens verteilte Altman, unser Redakteur, die Aufträge. Ich bekam also den Befehl, an die vorderste Front zu gehen. Zuerst fuhr ich mit einem Schlitten, dann ging ich zu Fuß. Dann habe ich bei einem General übernachtet. Dann ging's zu Fuß weiter. Und endlich kam ich an die vorderste Frontlinie. Bis zum Feind waren es 200 Meter. Ich schaute durch die Schießscharte und erblickte die Deutschen. Lebendige Deutsche. Die kümmerten sich nicht um uns und lebten ihr Leben. Es wurde nicht geschossen. Bei uns stand ein Scharfschütze. Ich fotografierte ihn. Das Foto habe ich noch. Da es wenig zu berichten gab, wollte ich zurück und noch einige Interviews mit Soldaten machen. Ein Leutnant begleitete mich. Vor mir ging ein Soldat, ein Kirgise, der mit mir nichts zu tun hatte. Wir liefen durch die Schützengräben. Und plötzlich begann ein Granatwerferbeschuß. Dieses Heulen war schrecklich. Splitter pfiffen durch die Luft. Ich begriff, daß die Gefahr groß war, und meine Beine waren wie gelähmt. Plötzlich fiel der Kirgise vor mir um, seine Gedärme quollen heraus. Ich stieg über ihn hinweg, und der Leutnant schrie mich an: »Legst du dich irgendwann mal hin, du Teufelsweib?« Na, er schickte mich fluchend zu des Teufels Großmutter. Da begriff ich endlich und legte mich hin. Es stellte sich heraus, daß er sich nicht hinlegen konnte, solange ich nicht lag, weil ich eine Frau war. Er hatte nicht etwa Angst um mich. Liegend warteten wir den Beschuß ab, gingen dann weiter durch den Schützengraben und kamen zum Unterstand, wo sich die Soldaten versammelt hatten, die ich interviewen wollte. Doch ich war dermaßen verängstigt, der Schreck war mir so in die Glieder gefahren, daß mir die Hände zitterten. Noch lange habe ich den Notizblock mit den schiefen und krummen Aufzeichnungen, die man nicht entziffern konnte, aufgehoben. Was die Soldaten mir geantwortet haben, weiß ich nicht mehr. Was ich gefragt habe, weiß ich auch nicht mehr. So erschrocken war ich. Später habe ich mich bei jemandem erkundigt, ob ich eine Ausnahme sei. »Nein«, hat er gesagt, »alle haben Angst. Die einen verbergen es eben, und die anderen nicht. Alle fürchten sich im Krieg, und schon gar bei einem Granatwerferbeschuß. Das ist besonders schlimm.« Der Kirgise war der erste Tote, den ich im Krieg sah.

Danach kam ich ins Sanitätsbataillon. Hierher wurden alle Verwundeten gebracht. Es wurde unter fürchterlichen Verhältnissen operiert. Bei Kerzenlicht, beim Schein einer Taschenlampe. Bäuche wurden zusammengeflickt ohne jegliche Betäubung. Die Därme wurden gewaschen. Ich erfuhr, daß man die Därme vor dem Zunähen erst waschen mußte, denn sie waren voller Sand und Erde. Und all das wurde zugenäht und verbunden, und die Soldaten wurden ins Lazarett gebracht. Diese Militärchirurgen leisteten Heldenhaftes. Lange Zeit habe ich nur Ärzten vertraut, die an der Front gewesen waren. Jetzt lebt sicher keiner mehr von ihnen. An der Front konnte man einfach kein schlechter Arzt sein. Im Sanitätsbataillon übernachtete ich in der Erdhütte der Krankenschwestern, die Nachtschicht hatten. Ich wollte auch sie interviewen. Am nächsten Morgen habe ich dann gesehen, wie drei junge Frauen hereinkamen. Sie fielen im wahrsten Sinne des Wortes wie tot auf ihre Pritschen und waren im nächsten Augenblick eingeschlafen. Ich stand auf und sagte kein Wort. Sie durften nicht geweckt werden. Sie hatten die ganze Nacht gearbeitet.

Bei meiner ersten Dienstreise erlebte ich auch, wie zwei Deserteure erschossen wurde. Ich übernachtete bei einem General und stand am nächsten Morgen sehr früh auf. Und ich hörte, wie der General sagte: »Diese beiden werden erschossen.« Ich sah, wie ein Soldat zwei junge Burschen zum Erschießen wegführte. Ob das Deserteure waren . . .? Sicherlich.

Die Offiziere lebten wesentlich besser als die einfachen Soldaten. Die Offiziere hatten eine Ordonnanz, die kochte für sie. Alles, was ihnen schmeckte, was sie gern aßen. Das war bei Moschaisk. Im Winter. Die Front bewegte sich nicht, und so waren die Erdhütten für einen längeren Aufenthalt eingerichtet. Die Erdhütten der Offiziere waren sehr gemütlich. Bilder hingen natürlich nicht an den Wänden, doch es gab alle möglichen Bequemlichkeiten. Bei meinem General war es richtig luxuriös. Bei ihm gab es reichlich Wein und Speisen, sogar Diener. Während die einfachen Soldaten weiß der Teufel wie lebten.

Wie der Pudel Ugoljok desertierte

In den vierziger Jahren hatte ich einen reinrassigen Pudel, er hieß Ugoljok – Kohlestückchen –, ich habe ihn schon erwähnt. Im Krieg wurde er mobilisiert. Er war registriert worden und bekam Futter zugeteilt. Ich mußte zu einer bestimmten Stelle fahren, wo ich sein Fressen bekam – Trockenfutter und Knochen. Und dann kam die Vorladung. Ich sollte mit ihm im Eremitage-Garten erscheinen. Zum Training. Den Hunden wurde beigebracht, Holzminen zu suchen, die ein Suchgerät nicht orten konnte. Sie mußten die Mine finden und sich danebensetzen. Und der Minensucher, der Mensch, entschärfte dann die Mine. Ugoljok war sehr begabt, er war der Beste, er begriff sofort alles. Er fand die vergrabene Mine immer als erster und setzte sich daneben.

Und einige Zeit später erhielten wir die Einberufung. Ich sollte mit Ugoljok erscheinen, und er sollte an die Front geschickt werden. Ich dachte: Ich bin allein. Und um Ugoljok ist es schade. Er wird dort umkommen. Die meisten Hunde sind an der Front umgekommen. Und da sind Ugoljok und ich einfach desertiert. Ich wohnte eine Zeitlang nicht in meiner Wohnung, zog woanders hin, um unsere Spuren zu verwischen. Und so wurde Ugoljok kein Front-Hund.

Gleich nach dem Krieg gab es in Nowogerejewo am Rande von Moskau eine Ausstellung von Front-Hunden. Dort wurden die Hunde gezeigt, die überlebt hatten. Sie saßen alle in Käfigen, und an jedem Käfig stand, was der und der Hund geleistet hatte. Ich erinnere mich noch an einen Käfig, an dem stand, daß der Hund 200 Verwundete vom Kampffeld geholt hatte. Das war eine Schäferhündin, sie sah gräßlich aus. Ein Ohr war abgerissen, eine Seite versengt, der Schwanz weg. Und diese häßliche Schäferhündin hatte gerade Junge geworfen. Sie hatte vier Jahre den Krieg mitgemacht und war nun Mutter geworden. Sie ließ niemanden an sich heran, nur ihren Wärter, der ihr zu fressen gab. Sie war böse wie der Teufel. Obwohl sie an der Front gut gewesen war.

Ich habe gesehen, wie Sanitätshunde gearbeitet haben. Nach einem Gefecht wurden sie aufs Feld geschickt. Wenn sie einen Menschen entdeckten, der sich bewegte, legten sie sich daneben. Wenn der Verwundete noch genug Kraft hatte, konnte er sich vom Halsband des Hundes die Tasche mit Verbandszeug abmachen, und der Hund lief wieder zurück. Wenn nicht, packte der Hund den Verwundeten am Kragen und schleppte ihn weg. Hierfür wurden nur deutsche Schäferhunde genommen, weil die nicht nur klug, sondern auch kräftig sind. Dobermänner wurden gegen Panzer eingesetzt. Man band ihnen Flaschen mit explosiver Flüssigkeit, Molotow-Cocktails, wie die Deutschen sagen, um den Hals und schickte sie unter die Panzer. Masower, ein Veterinär, der die Hundeschau organisiert hatte, erklärte mir, daß die Dobermänner nur ein einziges Kommando erlernen könnten. Sie seien dumme Hunde. Deshalb wurden sie gegen Panzer eingesetzt. Pudel sind sehr klug und gutmütig, doch sie eigneten sich nicht für die Front, wie sich dann herausstellte, denn der Schnee, der zwischen ihren Krallen hängenblieb, gefror. Sie fielen den Soldaten, die sie oftmals schleppen mußten, zur Last. Die Pudel erfüllten jede Aufgabe, aber nur im Sommer konnten sie richtig eingesetzt werden.

Das Mädchen mit den traurigen Augen

Am Ende des Krieges war ich in Litauen. Dort hatte ich Vernichtungslager gesehen, die noch »warm« waren, wie man sagte. Sie waren gerade von den Deutschen verlassen worden. Ich sah so etwas zum ersten Mal. Ein Berg mit Spielzeug. Ein Berg mit Kinderschuhen. Ein Berg mit Frauenhaar. Alles, was zu einem Lager gehört. Das Ganze machte einen sehr durchorganisierten Eindruck. Das waren nicht etwa kleine Hügel, sondern richtige Berge.

Ich kam furchtbar verstört nach Moskau zurück und wollte darüber schreiben. So entstand der Artikel »Das Neunte Fort« sowie ein Artikel über ein litauisches Mädchen, das dorthin verschleppt worden war. Ich habe ihren Namen vergessen. Sie hatte versucht zu fliehen und war erschossen worden. Ich kam also nach Moskau zurück, in die Wohnung meines Vaters. Und das erste, was ich erblickte, war ein Mädchen mit furchtbar traurigen Augen. Ich fragte: »Wer ist das?«, und bekam zur Antwort: »Sie soll in ein Kinderheim.« Das war Fanja. Dazu muß ich sagen, daß ich zuvor Material über Kinder gesammelt hatte, deren Eltern vermißt wurden oder umgekommen waren, sowie über die Adoption von solchen Kindern, die fast nie von Intelligenzlern aufgenommen wurden. Die Intellektuellen überlegten erst lange, wie sie die Kinder durchfüttern, wie sie sie einkleiden könnten. Und die Arbeiter haben die Kinder einfach genommen, ohne zu überlegen. Auch Familien mit vielen Kindern, die haben einfach noch ein Kind dazugenommen.

Es waren vor allem Kinder aus Belorußland, über die ich schreiben wollte. Damals kamen die Transporte in Moskau an. Ich ging auf den Bahnhof, wenn so ein Kinder-Zug anrollte. Ich schrieb Herkunft und neue Adressen einiger Kinder auf und wollte ihr weiteres Schicksal verfolgen. Doch leider waren die Jahre nach dem Krieg zu wirr. Es wäre natürlich interessant gewesen zu erfahren, wie sie in diesen Familien gelebt haben und was aus ihnen geworden ist. In einem Kinderheim war ich einem Mädchen begegnet, das hieß Galja. Das weiß ich noch heute: Sie hatte blaue Augen und einen Tick. Sie schaukelte immer mit dem Kopf hin und her. Sie hatte ihre Eltern verloren. Soweit ich mich erinnere, kam auch sie aus Belorußland. Ich habe denen im Kinderheim gesagt: »Wenn ich von der Front zurückkehre, hole ich dieses Mädchen ab.« Sie sollten es keinem anderen geben. Leider gab es damals viel mehr Kinder als Familien, die sie aufnehmen wollten.

Ich kam also nach Moskau zurück und fand in der Wohnung meines Vaters allerdings eine Fanja vor. Sie war zwölf Jahre alt und hatte eine Soldatenuniform an und war schon ziemlich groß und hatte sehr traurige Augen.

Fanjas Geschichte

Fanjas Geschichte ist folgende: Sie wurde in Dubrowiza geboren. Ihre Brüder wurden von der Familie nach Rowno geschickt, das ist eine Stadt in der Westukraine, im früheren Polen, dort sollten sie in die Schule gehen. So wie sich das für eine anständige jüdische Familie gehört: Die Jungen werden zum Lernen an eine gute Schule geschickt. Den Jungen gebührt die Ehre. Die drei Töchter blieben bei den Eltern. Die Familie hatte ein Haus. Der Vater war ein koscherer Metzger. Er lieferte an einen Westukrainer namens Wazschichin, einen Schuster, Leder. Wazschichin habe ich später kennengelernt.

Die Hitlertruppen marschierten in Dubrowiza ein. Die Juden lebten anfangs im Ghetto. Fanja hat dort übrigens Stricken gelernt. Dort haben alle gestrickt. Dann kam der Beschluß, die Juden zu vernichten. Sie mußten sich auf dem Platz versammeln. Mit allen Sachen und Wertgegenständen. Als sie auf den Platz kamen, sahen sie plötzlich in die Mündungen der auf sie gerichteten Maschinengewehre. Fanjas Vater sagte: »Los, weg!« Fanjas Mutter konnte sich nicht von der Stelle rühren. Wahrscheinlich vor Angst. Ich kann das verstehen. Ich kann nicht schreien, wenn ich Angst habe. Sie konnte sich nicht bewegen. Die beiden älteren Schwestern hingen an ihr. Fanja aber lief mit dem Vater weg. Es gelang ihnen, durch die Gärten in den Wald zu fliehen. Der Vater brachte Fanja durch den Wald zu diesem Schuster, dem er immer Leder geliefert hatte. Wazschichin sagte zum Vater: »Du kannst nicht bei mir bleiben, das mußt du verstehen.« Der Vater ging weg. Ihn haben die Bandera-Leute umgebracht, die jetzt immer gerechtfertigt werden. Bandera soll angeblich ein guter Mann gewesen sein. Doch ich weiß, daß er nicht gut war. Er hat alle Juden umgebracht, die sich in diesen Wald gerettet hatten.

Wazschichin war ein Altgläubiger. Er führte Fanja in den Wald und zeigte ihr die Leiche ihres Vaters, ein Bein hatten die Wölfe schon abgerissen. Er sagte zu ihr: »Merke dir diesen Baum. Hier ist das Grab deines Vaters.« Ich glaube, Fanja will sich heute nicht mehr daran erinnern. Wir haben uns nie wieder darüber unterhalten. Nur ein einziges Mal hat sie mir das alles erzählt. In ihrem merkwürdigen Sprachgemisch aus Polnisch, Jiddisch, Belorussisch und Ukrainisch. Heute hat sie alles vergessen, nur Jiddisch kann sie noch ein bißchen. Das heißt, sie lernt es jetzt wieder.

Fanjas Leben in Moskau

So kam es also, daß ich Galja nicht genommen habe. Das bedauere ich bis heute. Ich hätte alle beide nehmen sollen. Doch zwei durchzubringen, das wäre schwer gewesen. Mir fiel es schon nicht leicht, die eine zu ernähren.

Ich hatte sie mir nicht einmal genau angesehen. Ich wußte nur, sie sollte in ein Kinderheim. Die Sache war so: Ilja hatte damals eine Sekretärin namens Milman, die bekam einen Brief von einem Arzt. Der schrieb, es gebe da ein jüdisches Mädchen, das gerettet worden sei, sie arbeite im Lazarett, sie tüte dort Arzneipulver ein. Das Mädchen würde gern etwas lernen. Ob man sie nicht irgendwo unterbringen könne. Der Brief war an meinen Vater gerichtet.

Die Milman, diese gute Seele – sie lebt nicht mehr –, wollte das Mädchen bei dem damals in Moskau berühmten, wohlhabenden Ingenieur Tankelewitsch unterbringen. Er willigte ein, ohne seine Frau zu fragen. So etwas bringen nur Männer fertig. Er schleppte das Mädchen einfach an. Dazu war sie noch völlig verlaust und hatte überall Furunkel. Und in der Familie gab es schon zwei Töchter. Ich weiß nicht, wie die Frau des Ingenieurs Fanja behandelt hat, jedenfalls hat Fanja zwei Wochen lang geweint. Da sagte die Frau, so ein hysterisches Mädchen wolle sie nicht haben. Ihre beiden Töchter seien schon ganz durcheinander. »Bring sie dahin zurück, wo du sie her hast!« sagte sie zu ihrem Mann. Und auf diese Weise kam Fanja zu Ehrenburg.

Damals war es sehr schwer, ein Kind im Heim unterzubringen. Ehrenburg kümmerte sich gerade darum. Und in diesem Moment kam ich hinzu. Das war im letzten Kriegsjahr, 1944. Ich sagte: »Warte, dann nehme ich sie.« Ich lebte damals bei meinem Vater, weil unsere Wohnung in der Lawruschinski-Gasse zerbombt war. Die arme Fanja hatte kein Fleckchen für sich, da die Wohnung meines Vaters sehr klein war. Ich mußte mit ihr in einem Bett schlafen. Sie schlug nachts um sich. Das war schrecklich. Dann richteten wir für sie einen kleinen Verschlag im Korridor ein. Fanja erinnert sich nicht gern daran. Offenbar fühlte sie sich nicht wohl. Ich beschloß, ihren Läusen zu Leibe zu rücken, Fanja genierte sich furchtbar. Wir rieben also nachts ihre Haare mit Petroleum ein, damit es niemand sah, wickelten ihr ein Handtuch um den Kopf, dann wusch ich ihr das Haar aus und so weiter und so fort. So rotteten wir allmählich die Läuse aus.

Dann mußte sie in einer Schule angemeldet werden. Ich ging also zur Direktorin der nächstgelegenen Schule. Sie war früher Leiterin der Regierungsschule gewesen, wo die Kinder aus dem berühmten Haus an der Uferstraße lernten, jenem Haus, wo alle hohen Partei- und Regierungsfunktionäre wohnten. Diesen Posten hatte sie verloren und war an eine gewöhnliche Schule versetzt worden. Zwei Stunden habe ich auf sie eingeredet, das Mädchen doch zu nehmen, auch wenn es kein Wort Russisch spreche.

Ich sagte der Direktorin, daß ich in diesem Alter in Frankreich in eine Schule kam, ohne ein Wort Französisch zu kön-

Mit Fanja. 1945

nen, und am Ende des ersten Schuljahres die beste Schülerin der Klasse gewesen sei. Ich überredete die Direktorin. Fanja wurde aufgenommen und war natürlich bald eine gute Schülerin. Sie war sehr wißbegierig. Es ging alles gut. Doch am Schuljahresende sagte ein Mädchen »Schidowka« – Judenmädchen – zu ihr. Und die Grosa, so hieß die Direktorin, schmiß dieses Mädchen wegen Antisemitismus von der Schule. Ein Wunder zu dieser Zeit. Der Grosa müßte man dafür ein Denkmal setzen. Antisemitismus war damals tabuisiert. Es gehörte ungeheurer Mut dazu, dieses Problem offen anzusprechen.

Fanja beendete 1949 die Schule. Zur Abschlußfeier waren alle Eltern eingeladen. Es gab ein großes Bankett. Ich saß mit Anitschkas Vater zusammen. Anitschka war Fanjas Freundin, und ihr Vater machte mir den Hof. Wir nahmen nicht so recht am Bankett teil, sondern tranken Wodka, den Anitschkas Vater mitgebracht hatte und den wir heimlich unterm Tisch versteckt hielten.

Ein Jahr nachdem ich Fanja zu mir genommen hatte, ging ich zum Standesamt und erklärte, ich wolle sie adoptieren. Davor machte Fanja den Versuch, mich »Mama« zu nennen, aber ich sagte ihr: »Du erinnerst dich doch noch an deine Mutter. Wie kannst du da ›Mama‹ zu mir sagen.« – »Was soll ich denn sonst sagen?« – »Nenne mich bei meinem Namen.« – »In der Ukraine siezen die Kinder ihre Eltern aber.« – »Bitte, wenn du willst, sag ›Sie‹ zu mir.« Das ist bis zum heutigen Tag so geblieben: Sie sagt »Irina« und »Sie« zu mir. Auf dem Standesamt erklärte sie, sie wolle auch Ehrenburg heißen. Und ich sagte: »Nein. Fischman. Sie behält ihren Namen.« Danach bedrängte mich Fanja, warum sie nicht Ehrenburg heißen könne. Ich sagte: »Ehrenburg ist nicht mein Familienname. Das ist ein Ruhm, den nicht ich errungen habe. Deshalb kann ich dir diesen Namen nicht geben.« Ich glaube, das verzeiht sie mir bis heute nicht. Fanja bekam also ein Dokument, das bezeugte, daß ich sie adoptiert hätte, daß sie meine Tochter sei.

Der General und die Generalin

Endlich waren meine zwei Zimmer in der Lawruschinski-Gasse wiederhergestellt. Dort wohnte in den früheren Räumen Ehrenburgs ein General mit seiner Generalin, ich habe schon von ihnen erzählt. Wie sie meiner Pudelhündin Tschuka immer auf die Pfoten getreten sind.

Zwei Zimmer gehörten also uns. Fanja war über den Umzug sehr froh, denn in der Wohnung in der Gorki-Straße wurde sie sowohl von meiner Stiefmutter, Ljubow Michailowna, wie auch von der Hausangestellten schlecht behandelt. Außerdem hatte sie dort nirgends einen Platz für sich. Sie konnte ja nur in ihrem Verschlag auf dem Korridor unterkriechen. Dort lag sie auch, als sie Mumps hatte. Ich erinnere mich noch, wie ich mit ihr in die Kinderpoliklinik ging, mit diesem riesigen Mädchen. Ich war fest davon überzeugt, daß sie etwas mit den Zähnen hätte. Die Schwester rief mir zu: »Mutti, mit dem kranken Kind durch die andere Tür!« Es wurde Mumps festgestellt. Das ist bekanntlich ansteckend, und Ljubow Michailowna hatte Angst.

Fanja war also sehr glücklich, als wir endlich umzogen. Doch in der neuen Wohnung stellte ihr die Generalin ständig nach. Wir hatten in der Lawruschinski-Gasse eine riesige Gemeinschaftsküche. Die Generalin schubste Fanja in dieser Küche ständig zur Seite. Als stünde sie ihr im Wege. Na, die Generalin hat nicht nur Fanja weh getan, sondern auch meinem Pudel. Sie war eine schreckliche Antisemitin. Sie sind beide gestorben, der General und die Generalin. Recht früh. Sie waren beide ungeheuer dick. Einmal brachte der General seiner Frau Marja Timofejewna aus Berlin Trikothosen mit und sagte: »Die habe ich nur mit großer Mühe gekriegt, Größe 64.« Und ich: »Gibt es denn so eine riesige Größe überhaupt?« – »Ich habe wenigstens Figur«, geiferte die Generalin, »ich bin nicht so ein Brett wie Sie! Ihre Wäsche hängt auf der Leine, und man sieht überhaupt keine Rundungen.«

Das rosa Atlasband

Anfangs studierte Fanja Tschechisch. Dann wurde sie krank, der Blinddarm, worauf sie zum Medizinstudium überwechselte, das sie erfolgreich abschloß. Sie arbeitete zwei Jahre ohne Lohn bei dem bekannten Moskauer Kardiologen Mjasnikow, nur um bei ihm lernen zu können. Ich bestritt also in diesen zwei Jahren ihren Unterhalt und auch den ihres Mannes. Ich mußte viel arbeiten. Ich kann mich noch erinnern: Als Fanjas Tochter Irischa geboren wurde, schickte Fanja aus dem Krankenhaus eine lange Liste, was sie für ihr Kind brauchte. Für alles hat das Geld gereicht, nur für das Schmuckband nicht. Es war ein breites rosa Atlasband vorgeschrieben, das um das in Tüchern eingewickelte Neugeborene gebunden werden sollte. Dafür reichte mein Geld nicht.

Ich arbeitete damals als Übersetzerin und verdiente nicht viel. Irischa schlief nachts schlecht, und wir saßen immer neben ihr und schaukelten sie. Auch tagsüber mußte sie geschaukelt werden. Ich hämmerte auf meiner Schreibmaschine, und mit dem Fuß schaukelte ich dabei ihre Wiege. Irischas Papa war bei der Armee, und Fanja mußte den ganzen Tag im Kardiologischen Institut arbeiten. Das ist auch heute noch ein berühmtes Institut in Moskau. Sie verteidigte ihre Doktorarbeit, doch den Doktortitel haben sie ihr nicht gegeben, obwohl sie noch eine zweite Doktorarbeit für die Habilitation eingereicht hat. Wahrscheinlich steckte auch hier Antisemitismus dahinter. Vor kurzem hat sie ihre Arbeit in den Müll geworfen. Ich sagte ihr noch: »Tu das nicht. Vielleicht brauchst du sie eines Tages.« Doch sie meinte, das sei alles für die Katz gewesen. Ihr Spezialgebiet war der Einfluß von Nierenerkrankungen auf den Blutdruck. Viele Jahre hat sie auf diesem Gebiet gearbeitet, sie war eine der wenigen Fachärzte dafür in Moskau.

Mit 55 ist Fanja in Rente gegangen, bei uns können die Frauen doch mit 55 Jahren aufhören zu arbeiten. Ihr Kardiologisches Institut war umgezogen, und der neue Arbeitsweg war ihr zu weit. Sie wechselte zu einer Poliklinik über, wo die

Patienten zahlen. Das war noch vor der Perestroika. Fünfmal in der Woche ging sie dorthin, die Poliklinik war gleich nebenan. Doch finanziell hat sich das nicht gelohnt, weil ja Ärzte in unserem Staat einen Hungerlohn bekommen. Jetzt arbeitet sie einmal in der Woche in einer Ärzte-Kooperative und verdient ebenfalls wenig. Sie ist die Ärmste in unserer Familie, als Ärztin! Das muß man sich einmal vorstellen! Ihre Rente ist nicht sehr hoch. Sie hat es immer versäumt nachzuweisen, daß sie an der Front war. Dann hätte sie eine höhere Rente bekommen. Allerdings hat sich bei uns eine jüdische Gesellschaft gebildet: »Usniki Ghetto« – »Gefangene des Ghettos.« Und über diese Gesellschaft hat sie humanitäre Hilfe von der katholischen Kirche Deutschlands erhalten. Für die Gefangenen des Ghettos! Von der deutschen katholischen Kirche!

Ich wohnte mit Fanja noch in der Gorki-Straße, als plötzlich ihre beiden Brüder auftauchten. Von ihnen erfuhren wir, daß die Deutschen damals auf dem Platz in Dubrowiza ihre Mutter und ihre beiden Schwestern erschossen hatten. Die Brüder waren in Rowno in der Westukraine auf der Schule gewesen und so den Deutschen entgangen. Der eine Bruder war in die polnische Armee eingetreten, der andere in die Rote Armee. Gegen Ende des Krieges, als sich beide Armeen vereinigten, fanden die beiden Brüder einander. Der Bruder, der in der Roten Armee gekämpft hatte, zog nach Polen. Als ehemaliger Pole hatte er das Recht dazu. Beide kamen nun und wollten Fanja abholen. Kurz nach dem Krieg standen sie also plötzlich vor unserer Tür, zwei junge Männer. Sie waren beide demobilisiert und lebten bereits in Palästina. Ich glaube, das war 1946. Und sie schlugen Fanja vor, mit ihnen zu gehen. Fanja kam weinend zu mir und sagte, sie müsse sich mit mir beraten. »Nein«, sagte ich, »tu, was du möchtest. Was dir dein Herz sagt.« Und ging aus dem Haus. Ich ging zur Trolleybushaltestelle, ich wollte irgendwo hinfahren, um dieses verflixte Problem nicht lösen zu müssen. Sie holte mich tränenüberströmt an der Haltestelle ein und sagte: »Ich fahre nirgendwohin.« Jetzt trifft sie sich häufig mit ihren Brüdern. In Paris. Oder in Israel. Ich habe sie auch mehrmals gesehen. Sie sind bereits alte Männer, Rentner. Einer ist Arzt, der andere so etwas wie Geologe.

Auch Fanjas Retter hat mich einmal besucht, Wazschichin, und mich um eine Bibel gebeten, damals eine Rarität in der Sowjetunion. Ich sagte ihm, ich besäße nur eine einzige. Worauf er entgegnete: »Fanja ist das wohl wert.« Und ich schenkte ihm meine Bibel, obwohl es mir, ich geb's zu, schwerfiel.

Das ist alles über Fanja. Manchmal sagt sie, sie wolle nach Israel gehen, dann überlegt sie es sich wieder anders. Ich weiß nicht, was sie will. Sie erzählt mir nichts. Wahrscheinlich hat sie ihren schwierigen Charakter noch aus der Ghetto-Zeit. Sie verbirgt alles. Ich frage sie geradeheraus: »Fährst du weg?« Und sie sagt: »Ich habe meine Wohnung privatisiert«, das heißt, sie hat sie gekauft. Ich habe den Eindruck, sie wird immer hin- und herfahren, solange ihr Geld reicht. Bei ihren Brüdern kann sie nicht wohnen oder will es nicht. Das teilt sie mir auch nicht mit. Die Brüder rufen häufig an, ihr Verhältnis ist offenbar sehr gut . . . Doch so gut wiederum auch nicht, daß Fanja bei ihnen wohnen möchte.

Zu mir verhält sie sich neuerdings sehr seltsam. Sie schuldet irgend jemandem 8000 Rubel. Ich sage: »Fanja, ich gebe dir das Geld.« Und sie: »Ich kann von Ihnen kein Geld nehmen.« Und ich: »Das ganze Leben hast du von mir Geld genommen, das war doch wohl nicht so schlimm?« Und sie: »Ich bin bereits Rentnerin. Und in dem Alter kann ich kein Geld mehr von Ihnen nehmen.« Und ich: »Irischa nimmt doch auch Geld von mir, warum kannst du keins nehmen?« Na, ihre Psyche ist irgendwie kaputt. Das Ghetto hat dabei sicher eine große Rolle gespielt. Sie mußte erfahren, auf welch grausame Weise die eigene Mutter ums Leben kam – das prägt einen für das ganze Leben. Sie hat einen sehr schwierigen Charakter. Immer fühlt sie sich unglücklich und benachteiligt. Vielleicht ist das aber auch schlicht ihr eigentliches Naturell. Ich weiß nicht.

Daß Fanja die Deutschen haßt, glaube ich nicht. Was sie haßt, das ist die Sowjetmacht. Die haßt sie maßlos. Ganz offen. Ich sage zu ihr: »Du hast doch Stalins Porträt geküßt.« Und sie: »Ich hab' geglaubt, er hätte mich befreit.« Mir haben damals die Haare zu Berge gestanden. Sie schlägt die Zeitschrift *Ogonjok* auf, sieht dort ein Bild des Generalissimus Stalin, und plötzlich küßt sie dieses Bild. Und heute haßt sie ihn. Und glaubt, daß aus diesem Land nie etwas wird.

Als Jüdin empfindet Fanja natürlich den Antisemitismus heute in Rußland besonders stark. Während ich mich weniger als Jüdin fühle. Ich kann weder Jiddisch noch Hebräisch, noch bin ich vertraut mit der jüdischen Kultur. Ich fühle mich vor allem dann als Jüdin, wenn ich mit Antisemitismus konfrontiert werde.

In unseren Tagen ist das Problem des Antisemitismus erneut hochgekommen, wobei dieses Land schon schlimmere Perioden antijüdischer Stimmung erlebt hat, beispielsweise während des Krieges. Heute sind auch Armenier und Aserbaidschaner Opfer rassistischen Ressentiments. Sie werden herablassend »Schwarze« genannt, weil sie auf dem Markt Schwarzhandel treiben – sie verlangen für Mandarinen, Trauben und was sie noch alles aus dem Kaukasus einführen, Wucherpreise. Der Haß richtet sich also hauptsächlich gegen sie. Die Juden spielen im Moment keine so große Rolle. Natürlich sind sie wie immer die Sündenböcke, doch sie sind, wie gesagt, in Gesellschaft.

Nationalistische Gruppen, wie beispielsweise Pamjat, setzen auf den Antisemitismus. Aber ich glaube nicht, daß sie damit Eindruck machen werden, eher mit ihren chauvinistischen Parolen, nicht mit dem Haß auf die Juden.

Nur Hunde können im Kommunismus leben

Ich empfinde mich also nicht so wie Fanja als Jüdin. Die russische Kultur ist mir viel näher. Ich wurde ja auch Übersetzerin ins Russische, notgedrungen, da ich dank Stalin meinen Beruf verlor. Ich muß sogar sagen, daß die russische Sprache reicher als die französische ist. Wenn man übersetzt, merkt man das. Wo es im Französischen nur ein Wort gibt, hat das

Russische beispielsweise drei. Drei unterschiedliche Nuancen. Obwohl, wenn man das Volk betrachtet ... Die französischen Bauern sind nicht eben kultiviert und die russischen auch nicht. Von Güte kann man schon gar nicht reden. Gut sind sie, wenn sie arm sind. Alle Armen sind gut. Natürlich. Was glauben Sie? Das kann man jetzt in unseren Warteschlangen beobachten, jetzt, da alle arm sind. Entweder sind die Leute ganz verbittert, das sind aber die wenigsten, oder sie sind sehr aufmerksam zueinander. Auch in der Metro. Ich komme zum Beispiel mit meinem Hund Malik in den Laden, reserviere in der Schlange einen Platz und sage: »Ich bin hinter Ihnen, ja? Ich mache nur schnell den Hund fest.« Da fragt man mich: »Was geben Sie dem Hund bloß zu fressen?« Die Leute haben Mitleid. Ganz anders als früher. Da haben sie geschrien: »Die Hunde kriegen was zu fressen, und wir Menschen gucken in die Röhre!« Kaum ist das Leben so richtig miserabel geworden, werden die Leute gütiger. Und nicht nur in Rußland. Im Westen ist es genauso. Nein? Doch, ich glaube, daß auch im Westen eine arme Familie einem eher etwas zu essen gibt als eine reiche. Als ich im Nordkaukasus auf dem Dorf lebte, hat uns nicht vereint, daß wir Flüchtlinge alle aus der Intelligenzija stammten, sondern daß wir ein Häufchen armer Leute waren. Und um uns herum waren alle reich.

Die Geduld des russischen Volkes ist erstaunlich – diese Preise, und keiner muckt auf. Man kann sich kaum noch etwas leisten ... Gestern habe ich noch so eine Geschichte beim Bäcker erlebt, die mich sehr verblüffte. Ich hatte meinen Hund Malik angebunden und stand in der Schlange. Vor mir waren nur noch zwei Leute. Plötzlich fragt jemand: »Wem gehört der Hund hier?« Malik hatte sich losgemacht. Ich sage: »Mir.« Und renne zu Malik, um ihn wieder festzubinden. Meinen Platz hatte ich verloren. Da sagt jemand in einer anderen Schlange: »Gehen Sie vor, ein Hund ist wichtiger als ein Mensch.« Ich war völlig perplex. Ich ging vor, kaufte Brot, und Malik war sehr zufrieden, daß wir losziehen konnten. Er mag diese Warteschlangen nicht, sitzt aber immer geduldig bis zum Schluß.

Wie unser Land aus der Sackgasse geführt werden kann? Ich hoffe, daß früher oder später eine wirkliche Privatisierung stattfindet. Und dann endlich Waren in die Läden kommen. All das wird kommen, wenn es bei uns Privateigentum gibt. Die Fabriken werden rentabel arbeiten.

Natürlich wird es auch nach der Privatisierung bei uns Reiche und Arme geben. Aber die Leute werden wenigstens vernünftig leben können. Sie werden das haben, was sie brauchen. Nicht so wie jetzt. Schwache wird es immer geben, und Unglückliche. So ist die Menschheit eingerichtet. Daran kann man nichts ändern. Der Mensch ist kein Hund. Hunde können Demokraten sein, wie mein Malik zum Beispiel. Der achtet alte Hunde, bellt sie nie an. Und kleine auch nicht. Aber Rüden in seinem Alter knurrt er an. Er ist ein richtiger Demokrat. Ich glaube ohnehin, daß der Kommunismus nur für Hunde geschaffen ist. Nur Hunde können im Kommunismus leben. Malik zum Beispiel kann große Zugeständnisse machen. Er ist intelligenter als mancher Mensch. Ein Mensch kann mich zur Seite schubsen, wenn ich in die Metro steigen will. Malik hingegen geht mir höflich aus dem Weg, wenn ich den Kühlschrank öffne, sogar wenn ich Fleisch heraushole. Er tritt von seinem Napf zurück. Bei Menschen kommt so etwas nicht vor. Das ist unmöglich. Das liegt nicht daran, daß ich Malik beschütze. Das ist angeboren. Wenn Menschen gebildet sind, heißt das noch lange nicht, daß sie kulturvoll sind. Ich habe sehr viele gebildete Menschen gesehen, die rechte Flegel waren. Unsere Pförtnerin Nastja allerdings ist ein kulturvoller Mensch. Dabei hat sie nur zwei Klassen besucht und kann weder lesen noch schreiben. Nicht einmal Zahlen kann sie auseinanderhalten. Wenn sie in einer Schlange eine Nummer auf die Handfläche geschrieben bekommt, fragt sie mich immer: »Was für eine Nummer habe ich?« Diese Nastja ist kulturvoll. Sie ist sehr aufmerksam anderen Menschen gegenüber. Obwohl sie einen Schlüssel von meiner Wohnungstür hat, klingelt sie immer, bevor sie hereinkommt. Niemand hat ihr das beigebracht. Ich habe ihr das nicht gesagt. Manches kommt natürlich durch die Erziehung. Ich bin zum Beispiel meiner

Stiefmutter Ljubow Michailowna sehr verpflichtet, weil sie mir gute Sitten beigebracht hat. Aber das hat nichts mit Kultur zu tun, sondern damit, wie man die Gabel halten muß, wie man sich bei anderen Leuten benimmt, daß man sich nicht breitbeinig hinsetzen darf, wie ich das immer getan habe. Wie viele Tränen hat mich das gekostet. Ljubow Michailowna selbst war in der Tiefe ihrer Seele kein besonders kulturvoller Mensch. Sie konnte sehr taktlos sein, zum Beispiel zu Ehrenburgs Sekretärin Milman. Übrigens, auch Ehrenburg war nicht immer auf der Höhe. Er hat die Milman sehr oft gekränkt.

Über die Hunde in meinem Leben

Als ich drei war, hatte ich in Eze bei Nizza, wo wir in Südfrankreich lebten, meinen ersten Hund, Jursa. Er wurde von einem Auto überfahren. Ich war sehr bekümmert, und meine Amme, eine Italienerin, sagte, mein Hund sei jetzt im Himmel. Ich stellte mir vor, wie Jursa jetzt im Himmel lebte.

Dann hatte ich in Frankreich noch einen Hund mit Namen Monach – Mönch –, der mit der Straßenbahn ohne Fahrkarte von Eze nach Nizza fuhr. Er stieg ein, wenn wir einstiegen, und legte sich unter eine andere Bank. Er tat so, als gehörte er nicht zu uns. Und wenn wir ausstiegen, stieg auch er aus, als letzter. Erstens hatten wir kein Geld, um auch noch für den Hund zu bezahlen. Aber die Hauptsache war, er war uns in Nizza nur im Wege. Er war es, der unbedingt mitwollte. Meine Eltern merkten gar nicht, daß er auch einstieg. Im Unterschied zu mir. Und in Nizza folgte uns Monach überallhin. Anschließend fuhr er auf dieselbe Weise wieder mit uns zurück.

Sogar als wir in der Staniza Jekaterinogradskaja im nördlichen Kaukasus lebten, nahm meine Mutter eine Hündin auf. Sie sah völlig verhungert aus, schrecklich. Die ersten Welpen ertränkte meine Mutter. Die Hündin hieß Kudlaschka, der Name bedeutet etwa »wuschlig, wollig«. Ich kann mich noch an alle Hundenamen erinnern. Beim zweiten Mal brachte

Kudlaschka ihre Jungen unterm Haus zur Welt. Und als sie sie von dort herausführte, waren sie zum Ertränken schon zu groß, und wir verschenkten sie.

Das Hauptereignis in meinem Leben, was Hunde betrifft, ist mit dem Hund Tomka verbunden, einer französischen Bulldogge. Ich war 1933 aus Paris zurückgekehrt und wohnte, bevor ich ein Zimmer bei Kuibyschews Sohn mietete, einige Zeit bei meiner Mutter in der Abflußgasse. In unserem Haus wurde eine ganze Familie verhaftet. Die Wohnung wurde versiegelt. Und abends hörten wir, wie dort ein Hund heulte. Meine Mutter hielt das nicht aus. Nach drei Tagen fuhr sie zur Lubjanka, zum Hauptgebäude des NKWD, bei dessen bloßem Anblick einem angst und bange wurde, und erreichte, daß ein Offizier mit ihr zurückkam, die versiegelte Wohnungstür öffnete und den Hund herausholte. Wir tauften ihn Tomka, wir wußten nicht, welche Farbe Tomka hatte, denn er hatte kein einziges Härchen mehr am Körper. In den drei Tagen der Einsamkeit hatte er sein ganzes Fell verloren. Tomka lebte einige Jahre bei uns. Wir liebten ihn sehr. Er bekam wieder schönes Fell. Ich habe ein Foto, auf dem ein schöner Rüde zu sehen ist. Er war sehr klug. Was aus seinen Besitzern geworden ist, weiß ich nicht. Aber man muß befürchten, daß sie »liquidiert« wurden.

Jetzt zu Malik, der heute bei mir lebt. Mein Malik, der auf der Straße gefunden wurde und der eine waschechte Promenadenmischung ist, heißt zu Ehren des ersten Malik so. Es gab im Laufe meines Lebens viele Hunde mit diesem Namen. Den ersten Malik hatte der Malik-Verlag Ehrenburg geschenkt. Ich war mit meinem Vater nach Deutschland gefahren, um den jungen Hund abzuholen. Mein Vater fragte mich, wie wir ihn denn nennen sollten, und ich sagte: Malik. Wir glaubten, der Hund sei ein Rüde. Später stellte sich heraus, daß es ein Mädchen war. Und da wir schon den Mischling Bouzou hatten, den berühmten Bouzou, der in *Menschen Jahre Leben* von Ilja Ehrenburg beschrieben wird, wurde er Maliks Gefährte. Zu Ehren von diesem Malik also heißt mein jetziger Hund ebenfalls Malik, obwohl er ihm nicht im geringsten ähnelt. Mein jetziger Malik ist ein Findelkind, irgend jemand hatte

Der erste Malik (links) mit Bouzou. Paris 1930

den jungen Hund ausgesetzt. Alle meine Kinder sind Findelkinder, sage ich immer. Als Malik gefunden wurde, hatte ich mich bereits entschlossen, keinen Hund mehr zu nehmen. Weil das jedesmal Tränen und Leid gibt, wenn ein Hund stirbt. Und außerdem dachte ich, daß ich nicht mehr lange leben werde. Und wem hinterlasse ich dann den Hund? Drei Tage nachdem ich meine Tschuka, die 18 Jahre bei mir gelebt hatte, einschläfern ließ, bat man mich, »vorübergehend« einen jungen Hund aufzunehmen. Aber »vorübergehend« geht bei mir nicht. Ich hatte ihn bereits liebgewonnen. Drei Tage später wurde tatsächlich jemand gefunden, der ihn haben wollte, aber da konnte ich Malik nicht mehr hergeben. Und seitdem lebt er bei mir auf dem Fensterbrett.

Das zu meinen Hunden. Wenn man mich übrigens um ein Foto von Ilja bittet, um ein typisches, ein lebendiges, dann sage ich immer: »Nehmen Sie eins mit Hund.« Denn das Gesicht meines Vaters hatte in zwei Fällen einen ganz wunderbaren Ausdruck: erstens, wenn er eine junge schöne Frau erblickte – das war bereits im hohen Alter –, und zweitens, wenn er einen Hund betrachtete. Dann bekam sein Gesicht einen ganz besonderen Ausdruck, den man sonst nie bei ihm sah.

Ilja

Der wichtigste Mensch in meinem Leben neben Borja war wohl Ilja Ehrenburg. Er war mein Freund. Er war sehr gut zu mir. Er hat mich nie erziehen wollen. In Paris hat er mir jede Freiheit gelassen, in dem Glauben, daß ich sie zu meinem Vorteil nutzen würde. Was meine Bildung betrifft, da hat er sich große Mühe gegeben. Er engagierte einen Russischlehrer, meldete mich in der Turgenjewka an, der russischen Bücherei in Paris. Er war dagegen, daß ich rauchte. Doch Erfolg hatte er damit nicht. Er gab mir kein Geld für Zigaretten und kontrollierte meine Finger. Damals gab es noch keine Filterzigaretten, und die Finger wurden gelb. Wenn ich mich mit ihm traf, schrubbte ich mir vorher lange die Hände. Aber ich habe selbst Geld verdient. Ich gab Russischstunden, einer Deutschen übrigens. Das Geld, das ich bekam, gab ich für Zigaretten aus. »Highlife« habe ich damals geraucht, das war die billigste Sorte. Ilja hatte große Angst um meine Gesundheit. Ich nahm sehr ab und hatte viele Jahre erhöhte Temperatur. Später hatte ich Tuberkulose. Da war ich bereits verheiratet. Das hat ihm große Sorgen bereitet. Überhaupt, jetzt, nach so vielen Jahren, sehe ich aus den Briefen, die er an andere schrieb, daß er mich sehr geliebt hat. Damals habe ich das nicht begriffen. Ich glaubte, er sei mit sich beschäftigt, mit Frauen, mit Hunden, mit Gott weiß was, nur nicht mit mir. Und jetzt sehe ich, daß ich ihm sehr viel bedeutete.

Als er nach seinem Herzinfarkt von der Datscha nach Moskau gebracht wurde und ich mich nicht zu ihm in den Krankenwagen setzen durfte, weil es ein offizieller Wagen des Kremlkrankenhauses war, da hat er, als man ihn in Moskau auslud, ganz böse zu mir gesagt: »Warum hast du dich nicht zu mir gesetzt?« Ich entgegnete: »Sie haben es mir nicht erlaubt.« Worauf er sagte: »Diese dummen Leute. Die Krankenschwester und der Arzt haben sich die ganze Zeit darüber unterhalten, wie man Tomaten einlegt.«

In dieser Nacht habe ich ihn leider nicht mit seiner großen Liebe, mit Lieselotte aus Schweden, telefonisch verbunden.

Ich dachte, es gehe noch am nächsten Tag. Und er hatte von einem Gespräch mit ihr geträumt. Ich fuhr nach Hause, dort hatte ich meine Enkelin Irischka allein zurückgelassen, sie war erst elf Jahre alt. Gerade als ich meine Wohnung betrat, rief Iljas Hausangestellte an und sagte: »Kommen Sie sofort zurück. Ehrenburg geht es schlecht.« Er war schon tot. Als ich aus dem Fahrstuhl trat, begriff ich, was er mir bedeutet hat. Zum ersten Mal in meinem Leben knickten mir die Beine ein, und ich fiel um. Weil mir die Hausangestellte, das dumme Weibsbild, gleich auf der Treppe mitteilen mußte, daß er gestorben sei. Und auf dem Nowodewitschje-Friedhof, wo die Beerdigung stattfand, versagten mir die Beine zum zweiten Mal. Ich fiel wieder um, ohne das Bewußtsein zu verlieren. Das war mir nie zuvor und ist mir später nie wieder passiert.

Manche sagen, Ilja Ehrenburg habe große Kompromisse gemacht und Stalin unterstützt. Es wird erzählt, er habe Stalin jederzeit telefonisch erreichen können. Doch das ist nicht wahr. Ilja hat Stalin kein einziges Mal aus der Nähe gesehen, hat nicht mit ihm gesprochen. Es gab nur einen einzigen Anruf von Stalin wegen des Romans *Der Fall von Paris*.

Kompromisse hat er machen müssen, aber keine großen. Er hat, wie ich weiß, um jeden Satz gekämpft, als seine Memoiren *Menschen Jahre Leben* veröffentlicht wurden. Natürlich war er auch gezwungen, wegen der Zensur umzuschreiben, aber er hat sich etwas ironisch damit getröstet, daß er den Text verbessere.

Mein Vater hat in jenen schwierigen Zeiten auch viel für die westliche Kultur getan – trotz der xenophobischen Stimmung hat er immer wieder über westliche Künstler und Autoren geschrieben, über Picasso zum Beispiel. Neulich waren Leute bei mir, die einen Film über Picasso drehen wollten. Sie haben mir erzählt, daß sie von Picasso das erste Mal von meinem Vater gehört hätten. Er hat damals in Moskau eine Picasso-Ausstellung durchgeboxt, vier Jahre hat er darum gekämpft, das war in den fünfziger Jahren. Es gab einen gewaltigen Ansturm, als die Menschen von dieser Ausstellung erfuhren. Bei der Eröffnung ging Ehrenburg ans Mikrofon und sagte: »Ihr habt dreißig Jahre gewartet, jetzt könnt ihr auch noch diese halbe Stunde warten.«

Ich glaube, Stalin hat Ehrenburg nicht leiden können. Überhaupt hat man bei uns beinahe alles unternommen, um meinen Vater nicht zu veröffentlichen. Ich glaube, Stalin hat ihn einfach als »westlichen« Menschen benutzt. Es gab zwischen ihnen auch Auseinandersetzungen, in denen Ehrenburg seinen Widerspruch kundtat. Zum Beispiel den Brief an Stalin aus dem Jahre 1953. Der Entwurf des Briefes, den ich aufbewahre, zeigt, daß Ehrenburg Stalin beileibe nicht nahestand. Dieser Brief war die Antwort auf ein Schreiben bekannter jüdischer Intellektueller zur Umsiedlung sowjetischer Juden nach Sibirien. Es sollte in der *Prawda* abgedruckt werden, angeblich, um die deportierten Juden vor Pogromen zu schützen. Ehrenburg hatte diesen Artikel nicht mitunterzeichnet und mich zu Wenjamin Kawerin geschickt, damit auch er seine Unterschrift nicht daruntersetzte. Ehrenburg teilte Stalin mit, daß er den Artikel für einen Fehler halte, daß er im Westen Haß gegen die Sowjetunion schüren und als antisemitische Äußerung aufgefaßt werden würde.

Meine Mutter

Meine Mutter war eine sehr mutige Frau, ich habe sie bewundert. In meiner Kindheit allerdings hat sie mir viel zugemutet. Ich hatte meine Geschwister am Hals, und oft bekam ich von ihr eine runtergehauen. Und ich habe sie bestohlen und belogen. Als ich dann mit neun Jahren in Petrograd bei meinen Großeltern und meiner Tante Eleonore lebte, begann meine Kindheit eigentlich erst richtig. Ich mußte weniger Verantwortung übernehmen, und meine Mutter und ich hatten ein sehr gutes Verhältnis zueinander. In der Staniza eigentlich auch, denn ich war ihre einzige Stütze. Sie beriet sich mit mir, fragte mich, warum Natascha mit zwei Jahren noch nicht laufen könne. Warum Serjoscha noch keine Zähne habe. Über all das sprach sie mit mir. Mit wem sonst hätte sie auch reden können? Wir sägten zusammen Holz. Ich ging ihr entgegen, wenn sie aus der Stadt kam. Und wenn sie weg war, lastete die ganze Wirtschaft auf meinen Schultern. Doch jedesmal, wenn sie aus der Stadt zurückkehrte, stellte sie sich sofort an den Waschtrog oder kochte Essen oder heizte den russischen Ofen, was eine ziemlich schwierige Sache ist. Das weiß ich aus eigener Erfahrung. Als wir dann nach Mosdok zogen, hat sie mir fast die ganze Hausarbeit abgenommen. Ich erinnere mich, wie sie riesige Mengen Teig knetete. Später gründeten meine Eltern diese Landwirtschaftsgenossenschaft, zusammen mit anderen Intellektuellen. Sie pflanzten Kartoffeln und Gemüse an. Und hatten von nichts eine Ahnung. Wir Kinder ernteten das, was sie »vergessen« hatten. Wir kannten uns besser aus als die Erwachsenen.

Als ich nach Paris zog, hatte ich zum ersten Mal große Sehnsucht nach meiner Mutter. Weggefahren bin ich recht fröhlich, meine Mutter war mir doch egal. Als ich dann aber längere Zeit in Paris wohnte, träumte ich, ich wäre gestorben, und hinter meinem Sarg ginge meine Mutter, die mich weggegeben hatte und jetzt weinte.

Als ich sechzehn war, bin ich von Paris aus zu ihr nach Koktebel auf die Krim gefahren, aber da habe ich mich bereits nicht mehr für sie interessiert. Ich hatte anderes im Kopf, meine Flirts zum Beispiel. In Koktebel hatte ich übrigens eine Pilzvergiftung. Das war im Sommerhaus des Schriftstellers Woloschin, der immer einen ganzen Haufen Künstler und Intellektuelle beherbergte, das war so Tradition. Alle hatten sich vergiftet, doch ich war am schlimmsten dran. Woloschin hat dann ein Scherzlied auf uns gemacht. Der Arzt kam und sagte zu meiner Mutter: »Sie wird sterben.« Ich habe das gehört, aber nicht daran geglaubt. Meine Mutter stürzte zu mir, als wollte sie sich von mir verabschieden. Ich krümmte mich vor Schmerzen, doch im Innern lachte ich: »Was will sie bloß? – Ich denke gar nicht daran zu sterben!«

Als ich 1933 aus Paris zurückkam, nach meinem Studium an der Sorbonne, wollte ich nicht bei meiner Mutter wohnen. Ich mietete ein Zimmer, weil ich selbständig sein wollte. Ich verdiente ja auch schon mein eigenes Geld. Ich besuchte meine Mutter nur selten, weil es zwischen uns politische Differenzen gab. Sie war zutiefst konservativ. Lange Zeit hat sie meine Geschwister Natascha und Serjoscha nicht in die sowjetische Schule gegeben. Sie verlangte, daß sie das alte kyrillische Jat und das Härtezeichen schrieben wie vor der Revolution. Sie akzeptierte die Sowjetmacht nicht. Sie ging nicht einmal in die wenigen staatlich geduldeten Kirchen.

Während ich davon überzeugt war, daß mit der sowjetischen Ära etwas Großes, Aufregendes angebrochen sei. Aber man muß ihr zugute halten, daß sie ja alles verloren hatte. Mir konnte es egal sein, doch sie wußte, daß sie ohne die Sowjetmacht eine reiche Frau gewesen und ihr Leben ganz anders verlaufen wäre. Seit ihrer Jugend hat sie eigentlich immer in großer Not gelebt. Ganz im Gegensatz zu ihren Eltern, meinen reichen Petersburger Großeltern. Bis zur Revolution.

Meine deutschen Großeltern aus St. Petersburg

Meine Großmutter Praskowja Iwanowna war Russin, mein Großvater ein echter Deutscher. Ich weiß allerdings nicht, ob er aus Deutschland stammte oder schon in Petersburg geboren wurde. Er hieß Mark Ottowitsch Schmidt. Er hatte eine Wurstfabrik, Bestellungen bekam er von den in Petersburg ansässigen Deutschen. Aber das alles habe ich nicht mehr erlebt, denn als ich nach Petrograd kam, tobte die Revolution, und für ihn war alles vorbei.

Als ich das letzte Mal zu ihm fuhr, war ich schon verheiratet. Und er war bettelarm und blind und hatte den Verstand verloren. Er sammelte auf der Straße tastend Nägel auf, um ein neues Haus zu bauen. Das war 1940. Aber ich hatte kein Mitleid mit ihm. Ich war grausam. Wie man in der Jugend oft grausam ist. Als ich zu ihm kam, stand das Zimmer voll unabgewaschener Tassen. Er wohnte in der Mansarde des Hauses, das einstmals ihm gehörte. Er trank Tee und ließ die Tasse einfach stehen, ohne sie abzuwaschen, und nahm sich dann eine neue. Ich weiß nicht mehr, ob ich ihm das schmutzige Geschirr abgewaschen habe oder nicht. Aber ich weiß noch genau, daß ich kein Mitleid mit ihm empfand. Das war vor dem Krieg. Und im Krieg sind seine beiden Söhne Hermann und Otto erschossen worden, weil sie Deutsche waren. Mein Großvater starb vereinsamt auf einem Berg rostiger Nägel, er ist vermutlich während der Leningrader Blockade verhungert.

Meine Großeltern hatten dreizehn Kinder. An Elitschka, Eleonora, kann ich mich noch gut erinnern. Sie ist schon vor dem Krieg im Kindbett gestorben. Sie war mir sehr sympathisch. Lisa schaffte es, nach Estland auszuwandern. Maria ging nach Bulgarien. Meine Schwester stand mit ihr im Briefwechsel. Sie ist erst vor kurzem gestorben. Dann gab es noch eine Alexandra. Die Namen der anderen weiß ich nicht mehr. Den Mädchen ist nichts geschehen, aber sie leben heute alle nicht mehr. Es gibt keine Spuren. Nur von einem Onkel ist ein Sohn in Petersburg übriggeblieben.

Als mein Großvater starb, war er noch gar nicht alt. Meine Großeltern hatten sehr jung geheiratet, mit achtzehn.

Allem Anschein nach haben sie gut gelebt. Ich habe das zwar nicht mehr gesehen, aber meine Mutter hat mir erzählt, wie mein Großvater alle dreizehn Kinder in eine Kutsche setzte und mit ihnen zum Schuhgeschäft fuhr, um für alle dreizehn Schuhe zu kaufen. Halt, nicht für dreizehn. Zwei waren schon sehr früh gestorben. Aber es waren ja immer noch viele. Ich habe das Porzellanservice von meiner Großmutter gesehen, das meine Mutter von ihr geerbt hatte. Es war sehr schön – weiß, mit einem Zarenadler. Und Elitschka, Eleonora, hat mir eine Brosche von meiner Großmutter geschenkt, eine goldene Brosche mit einer Perle. Die habe ich verloren. Es hat keinen Sinn, mir solche wertvollen Geschenke zu machen, ich verliere ohnehin alles.

Meine Großeltern waren also reich. Kein Wunder, mit zwei großen Mietshäusern in Petersburg, auf der Wassili-Insel, und vier Villen in dem Vorort Lesnoje. Der Wurstladen Schmidt war in der ganzen Stadt berühmt.

Als die Revolution ausbrach, fuhren meine Mutter und ich mit einem Schiff des Roten Kreuzes über London nach Petersburg. Mein Vater Ilja allerdings gelangte auf noch größeren Umwegen dorthin. Als er schließlich ankam und mich sehen wollte, hat ihn Großvater nicht hereingelassen. Weil Ilja Jude war und ich ein uneheliches Kind. Ich habe eine sehr seltsame Geburtsurkunde. Als mein Vater starb und ich nachweisen mußte, daß ich rechtmäßige Erbin sei, habe ich nach Nizza geschrieben und um meine Geburtsurkunde gebeten. Ich bekam einen Auszug aus dem Geburtenregister. Aber ich konnte nicht nachweisen, daß es sich um mich handelte. Dort stand: Katharina Schmidt brachte am 25. März 1911 ein Mädchen mit Namen Irina Natalja zur Welt. Das war alles. Von einem Vater kein Wort. So wurden die Memoiren meines Vaters *Menschen Jahre Leben* zu meiner Geburtsurkunde. Weil er dort, Gott sei Dank, über mich schreibt. Dadurch war mein Erbrecht bewiesen.

Noch einmal meine Mutter

Als meine Mutter mit ihrem zweiten Mann, Sorokin, in der Abflußgasse wohnte, mußte sie von dem wenigen leben, was sie verdiente. Sie arbeitete bei Bontsch-Burjewitsch, dem Lenin-Freund und Leiter des Staatlichen Literaturmuseums. Dann in der Bibliothek des Literaturfonds. Sie rümpfte die Nase über meinen Mann Borja Lapin, weil er aus der Bibliothek Bücher klaute. Er war ein großer Bibliophiler. Und im Austausch für die Bücher, die er unbedingt behalten wollte, gab er andere ab, die ihm weniger bedeuteten. Darüber war meine Mutter empört. Aber als ich Lapin heiratete, war sie sehr zufrieden. Allerdings habe ich ihr unsere Heiratspläne auf merkwürdige Art beigebracht. Ich sagte: »Auf Wiedersehen, Mama, morgen fahre ich mit Lapin nach Mittelasien.« Darauf sie: »Was? Habt ihr etwa geheiratet?« Ich antwortete: »Ja.« Und ging.

Als sie alt war, war ich natürlich nicht mehr so ruppig zu ihr. Sie tat mir leid. Sie wurde leicht jähzornig. Und war oft ungerecht zu Sorokin, ihrem Mann. Aber sie hatte etwas Lebhaftes und Energisches. Bis zuletzt, bis sie bettlägerig war. Sie hat lange gelebt, von 1889 bis 1977, obwohl sie viel Schreckliches durchleiden mußte. Sie hatte wohl eine eiserne Gesundheit. Ich habe sie kein einziges Mal krank gesehen. Sie ist kein einziges Mal operiert worden. Sorokin starb schon 1959. Meine Schwester Natascha hat immer bei meiner Mutter gelebt. Sie hat ihre Malerei an den Nagel gehängt, um sich ganz unserer Mutter zu widmen. Auch auf die Ehe hat sie zugunsten unserer Mutter verzichtet. Erst als meine Mutter tot war, ist sie mit einem Mann zusammengezogen. Meiner Schwester Natascha hat meine Mutter das Leben gründlich verdorben, das kann man nicht anders sagen.

Aber meine Mutter war eine tapfere Frau. Sie hat selten geweint. Ein einziges Mal hat sie mich verdroschen. Das war in Jekaterinogradskaja, im Nordkaukasus. Meine Mutter hatte Fladen gebacken, und ich hatte einen geklaut. Sie aber hatte die Fladen gezählt und nach Wochentagen aufgeteilt. Ich log, ich hätte den Fladen nicht genommen und wüßte nicht, wo er sei. Da zerrte sie mich hinter die Scheune, nahm eine Rute und schrie: »Diebin! Diebin! Lügnerin!« Der alte Feldscher ging vorbei und sagte: »So erzieht man sein Kind nicht.« Meine Mutter schrie zurück: »Sie wissen ja nicht, was das für eine Diebin ist.« Ich fand das alles gar nicht so fürchterlich, weil mir ihre Schläge nicht weh taten.

Meine Mutter konnte eben nicht schlagen. Das war das einzige Mal, daß sie mich verdroschen hat. Ohrfeigen allerdings habe ich des öfteren eingefangen. Als ich zwölf war, hat sie mir die letzte Ohrfeige gegeben und mich dann um Verzeihung gebeten. Das habe ich mir für mein ganzes Leben gemerkt. Kinder vergessen Schläge nicht. Kinder darf man nicht schlagen. Immer hatte ich das Gefühl, sie ist stärker als ich und ich kann es ihr nicht zurückgeben. Mein Bruder hat sich die Ohrfeigen nicht gefallen lassen.

Sie war sehr unbeherrscht. Aber daran war wohl das Leben schuld. Denn in Nizza war sie noch anders, weicher, allem gegenüber aufgeschlossen. Auch später hat sie sich für viele

Dinge interessiert. Sie las viel, liebte Leskow. Auch mich brachte sie dazu, die Erzählungen von Leskow zu lesen. Das ist keine leichte Lektüre, Leskow hat ein sehr schönes, doch eigenwilliges Russisch geschrieben, durchsetzt von Wörtern, die er selbst erfunden hatte. Meine Mutter kannte auch viele Gedichte auswendig. Vor allen Dingen Gumiljow begeisterte sie. Sie war eine gebildete Frau. Viele bekannte Künstler kamen zu ihr nach Hause. Ich kann mich an ein Neujahrsfest erinnern, u. a. waren der berühmte Pianist Neuhaus und Pasternak zu Gast. Spät in der Nacht brachten wir die Gesellschaft nach unten, ich trug ein Abendkleid. Das war in der Abflußgasse. Vor unserem Haus lag ein Betrunkener. Und meine Mutter zwang mich, diesen Betrunkenen in Abendkleid und Stöckelschuhen von der Straße ins Treppenhaus zu schleppen, damit er nicht erfror. Sie war gutherzig. Über meine eigensinnige Mutter könnte man einen Roman schreiben.

Serjoscha und Natascha, meine Geschwister

Meinen Bruder Serjoscha habe ich auch sehr geliebt. Ich habe ihn doch großgezogen. Er war es, den ich, als er noch ein winziges Baby war, mit Hirsebrei fütterte.

Ende der dreißiger Jahre war Serjoscha mit unserer Schwester Natascha auf der Krim, in Koktebel. Von dort fuhren sie nach Simferopol und aßen Tschebureki, das ist ein fettiges, schwerverdauliches kaukasisches Gericht. Und mein Bruder hatte doch mehrere Magengeschwüre – eine Folge der Hungerzeit. Er erbrach Blut. Sie ging mit ihm ins Krankenhaus, doch er wurde nicht aufgenommen, weil er nicht in Koktebel registriert war. Da brachte sie ihn nach Feodossija, von Feodossija wieder zurück nach Koktebel, und die ganze Zeit erbrach er Blut. Schließlich wurde er noch einmal von Koktebel nach Feodossija ins Krankenhaus transportiert und operiert. Aber es war schon zu spät.

Irgendwie hatte meine Schwester immer Pech; sie war Linkshänderin. Ihr ganzes Leben war sie eine Christin, die immer alles hergab. Mein Bruder und ich haben sie oft gekniffen, heimlich, damit es unsere Mutter nicht sah. Wir haben sie nicht verhauen, sondern gekniffen. Und sie hat uns nie verraten. Wenn wir Konfekt bekamen, hat sie immer eins aufgehoben und es dann mit uns geteilt. Und deshalb konnten wir sie nicht leiden. Natürlich haben wir sie gemocht, aber ihre Freigebigkeit ist uns auf den Wecker gegangen. Sie war irgendwie nicht von dieser Welt. Als sie erwachsen war, hat sie plötzlich ihre künstlerische Neigung entdeckt. Sie wollte so gerne zur Kunsthochschule und Malerei studieren. Hatte aber kein Abitur, weil meine Mutter sie doch wegen ihrer Abneigung gegen das sowjetische System nicht zur Schule gehen ließ. Serjoscha hingegen hat bei meiner Mutter durchgesetzt, daß er eingeschult wurde, und er war auch heimlich Pionier. Wenn er nachmittags zurückkam, versteckte er sein Halstuch immer vor der Haustür. Der arme Serjoscha. Er wollte so sein wie alle. Er war ein hübscher Junge. Den Mädchen hat er gefallen.

Mit Ach und Krach machte meine Schwester also ihr Abitur. Ich weiß das noch genau, denn Lapin dichtete für sie ein Geographie-Poem, in dem alle Hauptstädte und Länder der Welt vorkamen. Und ich büffelte mir ihr Mathematik. Den Schulstoff habe ich insgesamt dreimal durchgenommen. Erst mit ihr, dann mit Fanja und dann mit meiner Enkelin. Mit meiner Urenkelin schaffe ich es nicht mehr. Ich hatte noch alles im Kopf. Da sieht man, was die gute französische Schulbildung wert ist. Schließlich bestand Natascha die Prüfungen und begann ein Studium an der Moskauer Kunsthochschule. Das war noch während des Krieges. Sie hatte einen sehr guten Lehrer, den Maler Osmjorkin. Mit all ihren Lehrern hatte sie Glück. Sie beendete ihr Studium, doch sie war ein Tolpatsch und konnte nur sehr wenige Ausstellungen für sich organisieren. Gemalt hat sie eine Unmenge von Bildern. Ihr ganzes Leben. Für nichts anderes hat sie sich interessiert. Weder für Kleider noch für Männer. Nur noch für Musik. Sie ist oft ins Konzert gegangen. Sie schwebte immer in höheren Sphären.

Die letzten Lebensjahre meiner Mutter kamen sie sauer an,

denn sie saß die ganze Zeit an ihrem Bett. Ich kam einmal in der Woche und brachte Lebensmittel. Mir ist bis heute schleierhaft, wie ich solche schweren Taschen geschleppt habe. An diesem Tag löste ich Natascha ab. Manchmal auch zweimal in der Woche. Ich mußte eine Stunde lang quer durch die Stadt fahren, um zu ihnen zu gelangen. Deshalb konnte ich nicht öfter hin. Natascha dachte immer, daß ich ein reges Salonleben führte. Von dieser fixen Idee konnte ich sie schwer abbringen. Natascha hatte einen seltsamen Zug. Sie dachte sich immer etwas aus. Sie log, nicht aus Eigennutz, sondern weil sie eine unbändige Phantasie hatte, auch was mich und mein Leben betraf.

Am Abend vor ihrem Tod – schrecklich, daß sie auf der Straße gestorben ist – war sie bei mir und sagte ganz unvermittelt: »Weißt du, Irina, daß ich Malerin geworden bin, das verdanke ich nur dir.« Ich fragte: »Warum?« Sie: »Ich hätte mir das nicht leisten können. Du hast uns im Krieg ernährt und beschützt, später auch.« Natascha hat ein Bild mit Fischen gemalt, das mir immer so gefiel. Ich sagte ihr: »Schenk mir doch die Fische.« Immer hat sie es vergessen, und jetzt ist das Bild bestimmt verloren.

Ich liebe Malerei über alles. Ob ich immer den richtigen Geschmack habe, weiß ich nicht. Völlige Abstraktion verstehe ich nicht. Für mich sind die Farben das wichtigste. Alle Originale, die bei mir hängen, von Chagall, Matisse, Tyschler, Falk, das sind Geschenke der Maler an Ilja in den zwanziger und dreißiger Jahren. Manchmal werde ich gebeten, die Bilder für Ausstellungen herzugeben, und ich tue das auch, zu meinem großen Leidwesen. Doch wenn die Leute nicht lockerlassen, kann ich nicht nein sagen. Gerade haben sie ein großes Bild von Robert Falk abgeholt, das mit dem Rauch, für die Zwetajewa-Ausstellung in Moskau.

Viele Bilder, die mein Vater besaß, befinden sich im Puschkin-Museum. Nach dem Tod von Ljubow Michailowna gab es in Alma-Ata eine große Ausstellung mit Bildern aus der Kollektion Ilja Ehrenburgs. Und die Kisten kamen dann alle auf einmal nach Moskau zurück. Und ich begriff, daß ich sie unmöglich hier in meiner Wohnung unterbringen konnte, und habe einen großen Teil ans Puschkin-Museum verkauft, für 20000 Rubel, eine lächerliche Summe. Es waren Zeichnungen von Matisse dabei, von Picasso, viele wertvolle Bilder. Die Antonowa, die Direktorin vom Puschkin-Museum, kennt den wahren Wert der Bilder, doch gezeigt werden sie nicht. Nur einmal, zur Picasso-Ausstellung, kamen einige ans Tageslicht. Die übrige Zeit stehen sie im Magazin. Na, jedenfalls stehen sie dort sicher. Heute weiß ich, daß ich eine große Dummheit begangen habe. Aber es waren so viel Kisten, wo sollte ich damit hin? Hätte ich die Bilder etwa in meinen Hängebogen quetschen sollen? Dann hätte ich jetzt wenigstens etwas, wovon ich leben könnte.

Ein ganz gewöhnlicher Tag

Ja, so ein Tag ist nicht einfach. Leider kann ich ohne Tabletten nicht einschlafen. Und nie vor zwölf. Ich schlafe viel zuwenig. Manchmal wache ich schon um halb sechs auf. Dann huste ich erst einmal eine halbe Stunde, kommt wohl vom Rauchen. Dann trinke ich Kaffee. Dann dusche ich. Dann gehe ich mit Malik spazieren. Heute sind wir bis zum Brotladen gegangen, wo es kein Brot gab. Dann sind wir ins Lebensmittelgeschäft, wo es auch nichts gab. Ich hatte ein Glas für Smetana dabei – das ist unsere russische *crème fraîche* –, die ich für »Salat Olivier« brauchte. Da sind wir noch hier nebenan ins Lebensmittelgeschäft »Der Komsomolze« gegangen und haben 300 Gramm Smetana für 45 Rubel erstanden. Ich war entsetzt über den Preis, denn die Smetana war sehr dünn. Doch was hilft's.

Ich brachte meinen Einkauf und Malik nach Hause und fuhr in die Stadt, zum Verlag »Chudoschestwennaja literatura«, wegen der Bescheinigung für meine Rente. Ich bekomme zur Zeit 3000 Rubel Rente. Davon kann man nicht leben. Ich muß jetzt nachweisen, wo ich überall freiberuflich gearbeitet habe. Dann wird meine Rente vielleicht erhöht.

In der Moskauer Wohnung. 1993
Im Hintergrund Picassos Portrait von Ilja Ehrenburg

Jeden Abend, kurz vor Mitternacht, rufe ich meine alte Freundin an, damit sie sich nicht so einsam fühlt. Davor nehme ich die Schlaftabletten. Dann lösche ich das Licht und schlafe ein. Und denke an gar nichts. Gestern habe ich von Kuchen geträumt. Für gewöhnlich träume ich nicht. Warum ich bloß von diesem Kuchen geträumt habe? Er war so locker und duftig und hat sehr gut geschmeckt.

Am Tage kommt es vor, daß ich manchmal einfach nur dasitze und mir etwas durch den Kopf geht. Recht oft sogar. Vor allem aber denke ich über das Schicksal meiner Urenkelin Anja nach, die mit 15 Jahren von zu Hause ausgerückt ist und jetzt bei mir wohnt. Sie hat schon einen festen Freund. Sie sagt, sie sei die letzte in ihrer Klasse, die ein Verhältnis hat. Mit 15 Jahren!

Lesen tue ich fast gar nichts mehr. Nur Zeitungen. Und selbst das schaffe ich kaum. Als die *Moskowskije nowosti* noch sehr populär und kaum zu bekommen war, ging ich jeden Mittwoch, am Erscheinungstag, um sechs Uhr früh mit meinem Hund Malik, im Winter, bei Eiseskälte – diesen Heroismus muß man sich mal vorstellen –, zum Zeitungskiosk und habe mich in die Schlange eingereiht. Die Kioskverkäuferin hatte Mitleid mit Malik und ließ ihn zu sich rein. Auf diese Weise kam auch ich in den Genuß der Wärme. Wir warteten alle auf den Lastwagen mit den Zeitungen. Unser Kiosk bekam nur 20 Exemplare. Und die Schlange war lang.

Einsam habe ich mich nie gefühlt. Erstens finde ich es sehr interessant, mit mir allein zu sein. Ich habe genug Beschäftigung. Und in meinem Kopf schwirren alle möglichen Gedanken herum. Ich habe gar keine Zeit, mich einsam zu fühlen oder mich zu langweilen. Etwas anderes ist es, daß Boris Lapin bis heute für mich der liebste Mensch ist und mir sehr fehlt.

Im Haushalt hilft mir niemand. Ich mache alles selbst. Nur die Pförtnerin Nastja putzt mir manchmal die Fenster.

Wenn ich mein Leben betrachte . . .

Ich habe eine Menge in meinem Leben gesehen. Die Revolution, die nachrevolutionäre Zeit, den Stalinismus, den Krieg, die Stagnationszeit, die Perestroika . . . Auf die Perestroika hatte ich große Hoffnungen gesetzt. Sehr große Hoffnungen. Ich war verwundert, wie frei die Menschen plötzlich sprachen. Das kam über Nacht. Ich dachte, es dauert viel länger, bis der

Knoten platzt. Die Leute sprachen ohne ein Stück Papier in der Hand und sagten offen ihre Meinung.

Ich habe mich selbst einmal dabei ertappt, wie ich flüsternd am Telefon etwas Anstößiges sagte, na, irgend so etwas Kritisches über Gorbatschow. Das war doppelt komisch. Denn entweder wird das Gespräch mitgehört, und da hilft auch kein Flüstern. Oder es wird nicht mitgehört, und ... Heute, in meinem Alter, ist mir im Grunde alles egal. Aber das Mißtrauen sitzt immer noch tief in uns. Meine Freundin zum Beispiel spricht von unseren Staatsmännern am Telefon immer nur von »sie«. Sie beschimpft sie, nennt aber ihre Namen nicht. Die Angst steckt uns immer noch in den Knochen.

Wenn ich mein Leben betrachte ... Vor etwa zehn Jahren habe ich mich mit einem Bekannten darüber unterhalten, wie mein Leben verlaufen wäre, hätte es die Revolution nicht gegeben.

Ohne die Revolution wäre ich jetzt eine reiche Frau. Mein Großvater, Mark Ottowitsch Schmidt, der deutsche Fleischer, war sehr wohlhabend. Doch was hätte ich mit diesem Reichtum anfangen sollen?

Wie ich die Revolution heute einschätze? Ich weiß es nicht. Ich kannte das zaristische Rußland nicht. Deswegen kann ich schlecht darüber urteilen. Ich kann mich nur daran erinnern, wie ich als Kind hörte, daß die Bolschewiki gesiegt hätten. Ich lebte damals ja im Nordkaukasus, in Jekaterinogradskaja, und hörte, wie die Kinder schrien: »Die Bolschewiki haben gesiegt!« Ich stellte mir einen Turm vor, in der Art des Tatlin-Turms, auf dessen Spitze die Bolschewiki geklettert waren.

Ich habe alle Gruppierungen damals miterlebt. Die Weißen, die Grünen, die Roten, alles, was man sich denken kann. Ich wohnte nach der Revolution eine kurze Zeit in Wladikawkas und Tiflis. Dort war permanenter Machtwechsel. Es ist sehr schwer zu begreifen, was mit uns gewesen wäre, hätte das Zarenregime weiter existiert. Aber das Zarenregime hätte sich nicht gehalten, das ist sicher. Eine Demokratie wären wir vermutlich auch nicht geworden. Überspitzt gesagt: Rußland ist wahrscheinlich nicht ein Land, in dem Demokratie möglich ist, vermutlich auch heute noch nicht.

Ich habe nun fast ein ganzes Jahrhundert hinter mir, aber alt fühle ich mich nicht. Nein, ich will nicht alt sein. Ich finde es nicht schön, alt zu sein. Ich mag das nicht. Körperlich macht mir mein Alter natürlich zu schaffen, weil ich schon viele Operationen hinter mir habe. Daß mich im Winter 1991 ein Lastwagen angefahren hat, das hat eine große Rolle gespielt. Zuerst glaubte ich, das sei eine Lappalie. Drei Brüche, wenn's weiter nichts ist. Doch es stellte sich heraus, daß das in meinem Alter nicht so ohne ist. Ganz plötzlich habe ich mich alt gefühlt. Körperlich bin ich nicht mehr so leistungsfähig, ich kann zwar noch in der Schlange stehen, aber sechs Kilo zu tragen fällt mir schon sehr schwer. Ich war auf dem Markt und habe sechs Kilo nach Hause geschleppt, das war zuviel für mich. Vier Kilo reichen. Früher war das für mich ein Klacks. Ich trage die Taschen immer über der Schulter, das ist leichter. Meine Mutter hat immer alles im Rucksack geschleppt, das ist das Praktischste. Aber irgendwie käme ich mir dabei komisch vor. Wie seltsam das auch klingen mag, ich bin noch kokett. Ich gebe mir Mühe, nicht in den Spiegel zu schauen, doch ich ziehe mich gerne elegant an, liebe neue Kleider, ich mag es, wenn um mich herum alles schön ist. Das gefällt mir. Schöne Möbel, schöne Frauen. Bis vor kurzem bin ich gerne verreist. Dabei habe ich mich erholt.

Dieser Alltag, diese Riesenprobleme mit dem Einkaufen hier, das macht mich sehr müde. Und die Familienprobleme, die bedrücken mich auch sehr. Fanja ist nach Rowno gefahren, zu Wazschichin, ihrem Retter. Danach fährt sie zu ihren Brüdern nach Israel. Ich glaube, sie kommt nicht mehr zurück ...

Mein Kriegstagebuch

1941

3. November

Seit dem 10. Oktober heute die ersten Gerüchte über die Kiewer Armee, sie ist zum Teil umgekommen, zum Teil in Gefangenschaft geraten ... Ossipow ist in Moskau. Ihm ist es gelungen, einige Tage vor der Einnahme Kiews nach Charkow durchzukommen. Sie waren 16 Leute. In dreißig Tagen haben sie 600 Kilometer zurückgelegt, sie haben sich in Heuhaufen versteckt. Das nicht abgeerntete Getreide hat sie gerettet. Viele Dörfer waren nicht von Deutschen besetzt. Am 20. September hat er Borja zum letzten Mal gesehen. Gerüchten zufolge sind Kursk und Simferopol besetzt. In den Zeitungen wird die Krim begraben. Von Mama nichts.

4. November

Evakuierung. Im Zug Moskau–Kuibyschew überkam mich angesichts der Geschehnisse dumpfe Verzweiflung. In Moskau schien mir, daß noch nicht alles verloren sei. Die Abfahrt, oder besser, die Flucht erschütterte mich. Ich dachte nicht an Borja, nicht an den Krieg, nicht an Mama. Das war eine Katastrophe. Moskau wie von Sinnen. Schnee. Auf dem Kasaner Bahnhof rennt alles hin und her. Die Leute fragen sich gegenseitig, auf welchem Bahnsteig der Zug von dem und dem Institut oder Betrieb abgeht ... Vergessene, herrenlose Koffer, ungeschickt geschnürte Bündel, Iljas Aktentasche mit dem Manuskript verloren, der Vorortzug, mit dem die Redaktion der *Krasnaja swesda*, das Sowinformbüro, der Rundfunk usw. evakuiert werden.

Neben mir saß Jaroslawski, er weinte. Die Kartoffeln nicht geerntet, schneebedeckte Kohlfelder ... Die Fenster in den Waggons schmutzig, wie immer.

Borjas letzter Anruf aus Kiew. Ich hatte ein Schlafmittel genommen und war völlig weggesackt. Das Telefon weckte mich. Ich wußte, daß sich Kiew in einem Halbkessel befindet. Stündlich rechnete man damit, daß sich der Kessel schließt. Wir haben gelernt, die Frontberichte zu lesen. Sie stellen immer alles besser dar, als es in Wirklichkeit ist. Ich hatte schon keine Hoffnung mehr, daß Borja überhaupt noch anruft.

In den letzten Tagen wird hier von Afinogenows Tod gesprochen. Jenny ist im neunten Monat, und man verheimlicht es vor ihr. Eine Bombe ist auf das ZK-Gebäude gefallen, dabei ist Afinogenow umgekommen. Die Deutschen marschieren vorwärts. Sie besetzen alles. Im »Grand Hotel«, wo wir die ersten Tage in Kuibyschew wohnten, wurde darüber gesprochen, daß England und Amerika uns helfen werden, und über die Fehler der Vergangenheit, über die verlorenen Hoffnungen. Das interessiert mich alles nicht.

Auf dem Markt sah ich, wie die Frauen sich halb umbringen, um für wahnsinnig viel Geld etwas zu essen zu ergattern. Das ist ja nicht erst seit heute so, nein, das gibt es seit langem. Ich wußte doch, daß das Land hungert, doch wir wollten es nicht wahrhaben, wie vieles andere auch nicht.

Sachar Chazrewin ist bestimmt umgekommen, das ist schrecklich. Gott, wenn ich Borja sehen und mit ihm irgendwo hinfahren könnte.

Auf dem Markt gab ein Jude der Verkäuferin einen Rubel zuwenig. Arglose Worte: »Ist eben ein Jude.«

Alle bereiten Jenny vor, man sagt ihr, daß Afinogenow möglicherweise ein Unglück zugestoßen ist, doch sie glaubt es nicht. Sie hat es leichter, sie erwartet ein Kind, und ich . . .

5. November

3 Uhr nachts. Ich komme gerade vom Einkaufen. Anläßlich des 7. Novembers sind die Läden bis heute früh halb vier geöffnet. Ich war auf der Suche nach Pralinen, wir haben Bonbons gekauft und ein gebratenes Huhn. Da hat Ilja wenigstens etwas zu essen. Die ganze Stadt ist mit Einkaufstaschen unterwegs.

Heute wurde über einen Korrespondenten berichtet, der sich im Kiewer Kessel erschossen hat. Er war schwer verwundet. Jenny hat man den Tod von Afinogenow mitgeteilt. Sie hat nicht einmal geweint.

Heute habe ich den ganzen Tag gekocht und aufgeräumt. Wieviel Ratten es bei uns gibt! Von Mama nichts.

Ein neuer Angriff auf Moskau. Die Krim wird eingenommen. Feodossija ist schon besetzt. Die Deutschen marschieren über Serjoschas Grab.

Sie reden über die Prozesse. Wie schrecklich die Welt ist ... Und Nina Gabrilowitsch hat aus Taschkent angerufen und ihren Mann gebeten, nach Moskau zu fahren und ihre Kristallväschen zu holen.

Raja und Senka überlegen, wohin sie sich retten könnten. Ich möchte auch lieber die Frau eines Feiglings sein als die Witwe eines Helden.

6. November

Stalin hat eine Rede gehalten. Berichtete von der 2. Front. Die Übertragung war schlecht. Wir saßen in der Hausverwaltung. Alle waren aufgeregt. Davor Gespräch zwischen Ilja und Scholochow über die Juden. Nach unserer Niederlage kommt alles ans Tageslicht. Scholochow sagt, die Juden seien Feiglinge. Wieviel Antisemitismus es gibt!

Aus dem Fenster sehe ich die erleuchtete Zahl 1941 – als ob Neujahr wäre. Von Mama nichts. Erinnere mich an den Schreck des letzten Anrufs: Das Telefon weckt mich. Borja. Ich stand auf und verlor die Orientierung ... Ich konnte die Tür zum Korridor nicht finden, wo das Telefon stand. Um mich herum Finsternis. Ich wurde verrückt bei dem Gedanken, daß das Telefon jede Sekunde verstummen könne. Ich beschloß, auf allen vieren zu der ersehnten Tür zu kriechen. Werfe das Regal mit den Büchern um – bin also von der Tür weggegangen. Krieche in die andere Richtung und stoße an den Schreibtisch. Wenn nur Ljuba und Ilja aufwachen würden! Geschirr klirrt, ich krieche an der rechten Zimmerwand entlang. Und das Telefon klingelt und klingelt. Ich glaube, ich habe geschrien. Ich stehe auf und halte mich an der Heizung fest – bin also am Fenster. Ich reiße die Verdunkelung herunter – die Tür ist genau in der entgegengesetzten Richtung, ich renne hin, und in diesem Moment verstummt das Telefon. Für immer. Ich habe die Couch mit dem Kopfende in den Korridor gestellt und schlafe von jetzt an so, selbst nachdem die Zeitungen mitgeteilt haben, daß Kiew eingeschlossen ist.

Heute haben Ilja und die anderen Korrespondenten davon gesprochen, daß angesichts der Niederlage jeder sein eigenes Schicksal neu sieht. Ich habe kein Schicksal.

8. November

Am 14. ist es zwei Monate her, daß ich zuletzt eine Nachricht von Borja erhalten habe, und am 26. Dezember sind es acht Jahre, daß ich mit ihm zusammen bin. Was war das für eine glückliche Zeit, als er noch aus Kiew anrief und ich seine Stimme hörte, wenn auch schlecht.

17. November

Habe lange nicht geschrieben. Ich bekam ein Angebot, beim französischen Rundfunk zu arbeiten.

Von Mama ein Bildtelegramm. Unsere Hausangestellte Nastja will weder Tschuka noch unsere Sachen rausrücken.

Grossman ist gekommen, erzählt vom herrschaftlichen Leben in Tschistopol. Dort lassen sie keinen mehr rein. Es gibt alles einschließlich Wodka. Im Hafen Flüchtlinge. Auf den Bahnhöfen auch. Sie werden überall davongejagt.

M. sagt: »Schrecklich, daß es Leute gibt, die davon träumen, nach Amerika zu gehen.« Das ist zum Lachen, er träumt ja selbst davon.

Es geht das Gerücht, daß Borja in Richtung Rostow aus dem Kessel ausgebrochen ist, aber ich glaube nicht daran. Fadejew, der in Tschistopol sitzt, phantasiert, daß Borja und Chazrewin aus dem Kessel raus seien. Gewissenlos. Ich fürchte, Mama geht es schlecht in Moskau. Aber es ginge ihr noch schlechter, wenn sie Moskau verlassen hätte.

21. November

Gestern war Alexej Tolstoi auf der Durchfahrt hier. Er ist mit zwei Flugzeugen nach Taschkent unterwegs. Er schleppt sein ganzes Hab und Gut mit, sein Porzellan hat er in Moskau im Garten vergraben. So erzählt man sich. Heute Post von Mama, von Papa, von Natascha. Nastja hat sich als ganz schöne Gaunerin herausgestellt, mich ärgert, daß Mama das so mitnimmt. Ihr Leben in Moskau ist kein Zuckerlecken, jeden Tag Fliegeralarm.

22. November

Die Deutschen sind bei Tula nach Osten durchgebrochen.

Habe im Schlafanzug eine Laus gefunden – es riecht nach den Schrecken des Kaukasus in meiner Kindheit . . .

Ich bin bereit, ewig von Borja getrennt zu sein, wenn ich nur wüßte, daß er lebt. Blind, ohne Beine, aber lebendig.

23. November

Die gestrige Nacht war schrecklich – völlige Hoffnungslosigkeit. Ich schlief spät ein, nach vielen Tränen, und wachte von Borjas Ruf »Irina!« auf. Ich erinnerte mich an die schreckliche Deutung solcher Träume, und mir wurde schlecht. Auch heute bin ich den ganzen Tag verzweifelt. Zwei Korrespondenten sind dem Kessel entronnen. Morgen früh gehe ich zu ihnen. Sie wissen sicher auch nichts. Doch wer weiß?

24. November

Es waren nicht zwei, sondern drei Korrespondenten, sie sind alle dem Kiewer Kessel entkommen, Juden, sie haben sich einen Bart stehenlassen und sich als Bauern verkleidet. Einer hat sich allein durchgeschlagen. Zwei Dinge beruhigen mich: 1) die Bauern geben den Leuten zu essen, 2) als sie einige Tage in Woronesch festsaßen, kamen immer neue Grüppchen aus dem Kessel heraus.

Heute hat offenbar unser Vormarsch in Richtung Süden begonnen, nach Taganrog. Und die Deutschen sind in Rostow einmarschiert, unsere wollen ihnen sicher den Weg abschneiden. Alles horchte auf, der amerikanische Korrespondent Schapiro hat sogar beschlossen, seine Reise nach Teheran aufzuschieben, wo er Urlaub machen wollte.

30. November

Heute haben wir Rostow zurückerobert. Im Bolschoi-Theater teilte man mir zwei freudige Neuigkeiten mit: Rostow ist zurückerobert, und die Kostüme sind aus Moskau angekommen. Seit dem 10. September keine Nachricht. Am 26. Dezember werden es acht Jahre seit unserer Hochzeit. Ich verstehe nicht, wie ich lebe.

Jenny sagt bereits, daß sie wieder heiraten will.

Rostow ist unser erster Sieg über die Deutschen. Die Engländer sagen das auch, auch Herr Schapiro erkennt das an.

3. Dezember

Was an der Front los ist: Rostow – Unsere jagen die Deutschen, in Moskau steht es schlecht, die Deutschen 35 km vor der Stadt, aus Richtung Wolokolamsk. Ich habe schreckliche Angst um Mama. Möglicherweise beschießt bereits die Artillerie Moskau.

Ich habe um alle und um alles Angst.

6. Dezember

Mörderische Kälte und Wind. Bald sind es drei Monate, und ich lebe, fresse, schlafe.

13. Dezember

Gestern ein Telegramm von Inna aus Moskau, ich habe mich gefreut, aber nicht wie erwartet. Offenbar bin ich schon ganz abgestumpft. Der Krieg mit Japan wurde noch nicht erklärt.

Ich möchte nicht mehr leben. Doch solange es noch Hoffnung gibt, muß ich. Alle träumen von Moskau, doch für mich ist das schrecklich. Lieber hier in Kuibyschew mit dem Wanzennest vor Augen. Besser als die Hunde, die Bücher, als alles, was ich dort zurückgelassen habe. Es tut weh zu leben.

25. Dezember

Nacht. Der 26. Dezember bricht an, acht Jahre seit unserer Hochzeit. Acht Jahre! Und in dieser Zeit habe ich Borja immer mehr geliebt. Wenn du leben solltest . . . Wie schrecklich das ist. Erinnerst du dich an das Standesamt? Und dann all die dummen Gäste! Wenn uns noch einmal beschieden sein sollte, diesen Tag zu feiern, dann werden wir nur zu zweit sein, wie damals im »Astoria«. Wie furchtbar, daß ich dich nicht glücklich gemacht habe, dabei hätte ich es gekonnt. Wie habe ich dich gequält. Aller Schein ist jetzt verschwunden – es bleibt nur das Furchtbare – das Leid. Wenn ich nur bald die Wahrheit erfahre. Doch wie soll ich sterben? Unsere Nachbarin in Moskau hat sich erhängt. Der Sohn von Olescha hat sich aus dem Fenster gestürzt. Ich bringe weder das eine noch das andere fertig. Ich muß mir jetzt etwas ausdenken. Im Prinzip haben wir beide ein unglückliches Leben geführt. Wir hätten in einem anderen Jahrhundert leben müssen. Nicht alles hätte sein müssen, was uns so gestört hat. Sollte es dich wirklich nicht mehr geben? Nicht – ein kurzes, ungeheuerliches Wort. Wir haben beide den Tod gefürchtet. Serjoscha hatte auch Angst vor dem Tod, doch er wußte nicht, daß er stirbt. Vielleicht wußtest du es auch nicht? Ich aber werde es wissen, doch ich fürchte mich nicht. Wir beide haben uns immer darüber gewundert, wie alte Leute sterben. Ob sie das Leben satt haben? Weiß der Teufel. Vielleicht kommt für sie einmal der Augenblick, wo sie keinen anderen Ausweg sehen?

Im Juni wärst du 37 Jahre geworden und ich im März 31. Das wird nicht sein. Warum hast du die Gedichte abgeschrieben? Ich bin abergläubisch geworden. Alles schläft, nur die Ratten haben Familienkrach.

31. Dezember

23.50 Uhr. Mein Lieber, ich beginne das neue Jahr mit dir. Sei nicht traurig, wir werden uns wiedersehen. Wieviel herzliche, liebe Worte ich dir sagen möchte. Ich bin sehr glücklich, daß ich mit dir allein sein kann.

1942

3. Januar

Ilja ist noch nicht nach Moskau gefahren. Und ich wüßte nicht, wie mir Moskau helfen könnte.

An der Front stehen die Dinge sehr gut. Die Gerüchte überholen die Frontberichte. Jetzt leben alle für die Zukunft, die es vor kurzem noch nicht zu geben schien. Man redet allen Ernstes vom Stalin-Literaturpreis, sogar in unserem Haus. Ilja ist dabei, seinen Roman zu beenden. Grossman schreibt begeisterte Briefe von der Front, das ist der Beweis – er war immer ein Pessimist. Aber er redet wieder von der russischen Seele. Gott, wie ich all diese Gespräche über die Seele hasse!

17. Februar

Am 6. mit Ljuba in Moskau angekommen. Sind sechs Tage unterwegs gewesen, unser Wagen war an einen Kohlewaggon angekoppelt.

Am ersten Abend merkwürdiger Eindruck von Moskau. Ganz anders als jetzt. Wenig Leute. Moskau ist eine Kriegsstadt. Vielleicht durch die Sandsäcke vor den Schaufenstern. Hunger, aber nicht allzu schlimm. Alle haben Angst vor dem Hunger. Es wird nur vom Essen geredet. Dieser Schrecken rührt noch von der Hungerzeit in den Zwanzigern her, glaube ich.

Furchtbares wird von Leningrad erzählt: Kannibalismus usw.

Gestern wurde mir der Berechtigungsschein weggenommen. Das war ein Schlag, als existiere Borja nicht mehr. Ich lebe wie eine Maschine. Morgen sind es fünf Monate seit dem Fall von Kiew. Eine schreckliche Zahl!

12. März

Mein Lieber, ich kann nicht mehr. Alle leben für das Kriegsende. Es ist bereits Frühling. In der Ukraine blühen sicher schon die Schneeglöckchen, der Teufel soll sie holen.

Wenn dort der Schnee taut . . . Vielleicht kommt bald der Tag, wo die Ukraine befreit sein wird.

15. März

Heute soll Tschuka gefunden worden sein. Wie gerne würde ich sie sehen. Ihr Verschwinden war ein schlechtes Omen für mich. Vielleicht wird alles gut! Irrwitziger Optimismus.

Zwei Tage gab es keinen Strom, wir hatten Angst, daß das zwei Wochen andauern würde. So was kommt vor. Die Heizung funktioniert auch nicht. Ich habe beim Arbeiten Handschuhe an.

Zwei Tage ein Schneesturm, der sich gewaschen hatte. Jetzt hat der Wind etwas nachgelassen, doch das Dach klappert immer noch.

Komisch – wie gerne würde ich nicht mehr leben, doch bei jedem Bombenangriff fürchte ich mich.

20. März

Inna wurde in Moskau beklaut. In Leningrad haben sie unseren Hund Malik aufgegessen. Sechs Monate! Die Aliger hat es einfacher, sie schreibt Gedichte. Ringsum so viel Leid, doch mich berührt das nicht. Wie zuwider ich mir bin. Vielleicht wird es besser, wenn ich wieder in der Lawruschinski-Gasse wohne, dort ist alles mit dir verbunden. An allen Fronten harte Kämpfe. Ich denke an dich. Doch vielleicht geht dich das alles nichts mehr an. Ich esse, schlafe . . .

22. März

Gabrilowitsch hat von einem alten jüdischen Arzt in einem okkupierten Dorf erzählt. Die Deutschen haben sein Haus besetzt und den Dorfbewohnern verboten, mit ihm zu sprechen. Er grub sich eine Erdhütte. Auch von dort jagten sie ihn weg. Er saß vor der Hütte, und schließlich erhängte er sich.

Heute bin ich völlig verzweifelt. Im Donbass sollen wir etwas zurückerobert haben. Es ist kalt, ungemütlich, trist. Stinkende Straßenbahnen. Schmutzige Leute. Hunde, die verenden.

Wir fordern von den Engländern Landungstruppen, doch sie rühren sich nicht.

25. März

Heute ist mein Geburtstag. Wie du mich immer verwöhnt hast. Ilja und Mama werden sich heute auch Mühe geben, doch ich brauche nichts.

Beim Anstehen erzählen sich die Leute: Alle Weiber haben unter den Deutschen gelegen, den einen gefiel's, den anderen nicht. In den Straßenbahnen Leute mit Kartoffeln, sie fahren bis Tula und tauschen sie dort. Übrigens kümmern sich die Moskauer hauptsächlich um ihren Alltag, sind überhaupt keine Helden.

Am 26. ziehe ich in die Lawruschinski-Gasse. Wozu? Und wozu lebe ich überhaupt noch? Mama backt etwas – aus Tradition. Ich merke, wie ich allen auf die Nerven gehe, kann aber nichts dagegen tun. Papa ist nach Sagorsk gefahren, um Kartoffeln zu holen. Ich erinnere mich: An meinem Geburtstag hat Borja, verschlafen und im Pyjama, sein Geschenk verlegen hinter dem Rücken versteckt. Wozu soll ich morgen aufstehen? Deshalb will ich auch nicht ins Bett gehen.

Natascha und Mama waren da. Unterhielten sich über Lebensmittel und die große Hitze.

Ilja hat auf meine Gesundheit getrunken, ich bin gerührt. Ich brauche gar nichts.

29. März

Der dritte Tag in der Lawruschinski-Gasse. Drei Tage Fliegeralarm. Ich gehe in den Luftschutzkeller. Furchtbar: Einige wohnen dort. Einer ist verrückt, die anderen haben keine Bleibe, die Häuser ringsum sind alle zerbombt.

Gestern Rede von Maiski mit der Forderung nach der zweiten Front. Viel härter als Litwinow. Die Engländer denken überhaupt nicht daran. An der Front nichts Neues. Wir erwarten den Angriff der Deutschen.

Meine Fenster sind mit Brettern zugenagelt, bis auf das Klappfensterchen.

Mama hat mir Kartoffelbuletten mitgegeben.

Das Radio brummt – wir warten auf den Alarm. Klarer Himmel, Mondschein.

30. März

Natürlich war Fliegeralarm. Für mich sind die Bombenangriffe eine Ablenkung. Im Luftschutzkeller lag eine Leiche. Der Alte war um sechs Uhr früh gestorben. Man konnte ihn nicht wegschaffen, weil alle Karren voll waren mit Leichen aus der Mjasnizkaja. Dort schlugen gestern drei Bomben ein. Den Alten kenne ich – grauhaarig, gelbes Gesicht, abgehärmt, schön, ein »ewiger Jude«. Eine junge Frau hatte ihn geheiratet, um nach seinem Tod sein Zimmer zu kriegen. Zwei Jahre hat sie warten müssen.

Nachts, wenn ich Ugoljok ausführe, klirren die zersprungenen Fensterscheiben in der Schule.

Ljuba hat von ihrer Mutter aus Leningrad ein Telegramm erhalten. Es stört sie nicht, daß ihr Bruder mit Frau im Flugzeug aus der Stadt weg ist und die Mutter allein im eingekesselten Leningrad zurückgelassen hat. Jeder glaubt von sich, er sei der Nabel der Welt.

Annette hat ihre Tasche gegen Butter eingetauscht und ist glücklich. Ein kalter Frühling. Aus unerfindlichen Gründen habe ich den Fußboden gewischt, ich schlafe in Kleidern. Über mir Schritte.

5. April

Ostern. Um sechs Uhr, vor dem Frontbericht: »Der Kommandant der Stadt Moskau genügt der Bitte der Gläubigen und gestattet Ausgang die ganze Osternacht hindurch.« In der Brjussowgasse, vor der Kirche, eine lange Warteschlange wie nach Milch – zur Segnung.

Die Nacht ist tintenschwarz. Meine Leber schmerzt. Wir hatten lange keinen Fliegeralarm. Morgen Ostermittagessen bei Mama. Ich habe viel gearbeitet, einen ganzen Haufen Tagebücher von deutschen Soldaten gelesen. Schrecklich, wie sie die Vernichtung unserer Leute im Kiewer Kessel beschreiben – als ob es Wanzen wären.

Freund, Kamerad, das Liebste, was ich auf der Welt habe, Borja!

6. April

Es wird immer schwerer. Die Powolozkaja hat von Benja einen Brief bekommen, in dem er schreibt, wie er eine Erschießung unserer Deserteure leiten mußte. Armer Jude! Tonja hat noch von einem anderen Juden erzählt, der eigenhändig seine Panzerfahrer erschoß. Das war sehr schrecklich, doch Befehl ist Befehl. Das war im Oktober.

Ein kleines Mädchen fragt mich auf der Straße: »Kann der Hund auch kacken?«

Unruhe in Moskau, es werden nur noch 200 Gramm Fleisch und Butter ausgegeben. Iljas Hotelzimmer ist ein Durchgangshof, und er kann sogar dabei arbeiten.

12. April

Am 18. September sind es sieben Monate. Wie ich noch leben kann? Wenn mir nur etwas zustoßen würde . . .

Heute der Stalin-Literaturpreis. Ilja hat ihn bekommen, und Walja hat eine Torte für ihn besorgt. Dieser Preis beschäftigt viele Leute. Ich verstehe sie nicht. Mama wurde zur Arbeitsfront einberufen, doch ich glaube nicht, daß sie mobilisiert wird.

Aufregungen wegen Bulgarien. Seit einigen Tagen keine Bombenangriffe. Es werden jetzt 200 Gramm Zucker und 300 Gramm Mehl ausgegeben.

15. April

Jemand hat erzählt, Borja und Sachar hätten in einem Auto gesessen, das von einer Bombe getroffen wurde. Pljanow hat sie angeblich auf dem Weg nach Stalino gesehen. Doch ich glaube es nicht, obwohl ich es gerne täte. Nein.

Ich war bei der Mutter der Partisanin Soja Kosmodemjanskaja, über die ich Material für einen Film sammle. Ein Holzhaus, ohne Wasser, ohne Heizung, sie lebten zu dritt in einem Zimmer von elf Quadratmetern! Schura, Sojas Bruder, schlief auf dem Fußboden. Nackte Dielen. An Möbeln: zwei Tischchen, auf dem einen steht das Geschirr, am zweiten wurde gegessen und Schularbeiten gemacht. Zwei Eisenbetten, ein Bücherregal, ein Schrank – das ist alles. Eine große Gemeinschaftswohnung. Soja lebte sehr arm, ging nie ins Theater, auch nicht ins Konzert – kein Geld. Nur die Mutter verdiente – Ljubow Timofejewna. Sie ist Pädagogin, kleines Einkommen, ihr Mann ist gestorben, er war auch Lehrer. Mit den Nachbarn gab es oft Streit. Soja hatte Meningitis, deshalb war sie sitzengeblieben. Sojas Mutter gab mir alles: Sojas Kindertagebuch, ihre Schulaufsätze, erzählte gerne von ihrer Tochter, doch ohne Anteilnahme. Lebte förmlich auf, als sie die Szene beschrieb, bei der von mehreren toten Partisanenmädchen eines für den Orden ausgewählt werden sollte. Es waren mehrere Mütter gekommen, doch Ljubow Timofejewna siegte. Soja bekam den Titel »Held der Sowjetunion«, das bedeutet, die Kosmodemjanskis kriegen eine Wohnung. Sojas Bruder traf ich nicht an. Er kommt zu mir. Ich weiß nicht, wer den Film drehen wird, doch das Material ist noch nichts für unsere Zeit. Wird wieder der übliche Schwindel werden.

17. April

Sojas Bruder, Schura Kosmodemjanski, war bei mir. Ein lieber Kerl. Will Maler werden, doch seine Mutter verlangt, daß er als Freiwilliger an die Front geht. Erzählte von Soja, hat sie nicht gemocht, sie brauchte auch keine Menschen, die ihr nahestanden. Träumte von einer Heldentat, ihr ganzes kurzes Leben hat sie gegen Ungerechtigkeit gekämpft. Hat allen die Wahrheit ins Gesicht gesagt, keine Kompromisse gemacht. Schura mußte zusammen mit seiner Mutter die erhängte Soja identifizieren, hatte große Angst. Die Leiche war mit Erde bedeckt, sah nicht wie eine Tote aus, eher wie eine Marmorstatue. Das Gesicht war sehr schön und ruhig. Schura hat nicht geweint, so wenig erinnerte ihn diese Statue an seine Schwester.

Ein Flugzeug brummt. Ugoljok versteckt sich unterm Bett. Er ist ein noch größerer Feigling als ich.

Laval, der Vertreter von Pétain, ist in Moskau. In den Zeitungen steht davon nichts.

18. April

An der Front nichts Neues. Ich habe Kinder immer geliebt, wir haben es immer verschoben: die vielen Reisen und eine Menge äußerer Unsicherheiten, und jetzt stehe ich allein da.

19. April

Las die Erinnerungen einer Spanierien, schrecklich, besonders jetzt, da wir auch Krieg haben.

Zu einem Kommandeur an der Front wurde ein junger deutscher Gefangener gebracht. Der erinnerte ihn an seinen Sohn, und er drehte sich um, ohne dem Deutschen vorher das Gewehr abgenommen zu haben, um einem anderen den Befehl zum Erschießen zu geben, da schoß der Deutsche auf den Kommandeur. Er wurde später gerettet und erfuhr, daß sein Sohn gefallen war.

Schreibe für den französischen Rundfunk über Adoptivkinder. Würde sehr gern über Soja schreiben, doch das geht nicht durch, auch wenn man den Namen ändert. Schon lange keine Bombenangriffe mehr.

War auf einer Versammlung der Adoptiveltern. Marschak las ein Gedicht vor. Zwei Zeilen daraus: »Dem Waisenkind geben wir Familie, Haus und Freude zurück.« Nicht gerade sehr niveauvoll! Die Veranstaltung war auch dumm organisiert, aber fast alle Kinder aus dem »Ameisenhaufen« wurden aufgeteilt, und dabei waren sie krank, verlaust, offene Wunden. Besonders die Martjanowa hat mich verblüfft: Jung, hübsch, sie hat einen unterentwickelten Säugling genommen. »Wer wird Sie denn jetzt heiraten?« Sie antwortete mir: »Ich heirate sowieso nur einen guten Mann, der mein Kind liebhat.« Die Kinder werden im wesentlichen von Nichtintellektuellen genommen. Die Erklärung: Intellektuelle denken darüber nach, wie das Kind ernähren, wie kleiden . . .

25. April

Serjoschas Geburtstag. War bei Mama, aßen einen grauen Kringel. Den ganzen Tag Regen, wie im Herbst. Ich mag das. Seit Kriegsbeginn nehme ich die Natur, Parfümgeruch, Blumen, andere Gerüche besonders empfindlich wahr, besonders den Geruch von Fleisch kann ich nicht ertragen. Psychopathin!

30. April

Gestern kam Altman, er wohnt bei uns im Arbeitszimmer, geht immer durch mein Zimmer. Er ist überzeugt, daß sein Sohn gefallen ist, kann es aber nicht glauben. Spricht offen von der Jeschowschtschina. Erzählt vom Alltagsleben der Zeitung. Der Krieg ist für alle schwer, viel schwerer als der von 1914. Altman ist ein sehr guter Mensch und ein orthodoxer Kommunist. Ein hundertprozentiger.

5. Mai

Altman ist weggefahren. Drei Tage hatten wir volles Haus. Ich habe mich nächtelang mit Altman unterhalten. Eine Nacht haben wir über die Bibel geredet. Er erzählte, vor dem Krieg habe er davon geträumt, für Jugendliche über die Propheten und die biblische Mythologie zu schreiben. Vom dialektisch-marxistischen Standpunkt natürlich.

Eben hat Ilja angerufen und gesagt, daß ihm meine Sendung im Radio sehr gefallen habe. Borja hätte sich gefreut. Und was habe ich davon? Ich habe es allein nicht mehr ausgehalten, lud die Mädchen ein.

Altman erzählte, wie er am 16. Oktober 1941 einer Armee zugeteilt wurde, die nicht mehr existierte. Sie kamen nach Moschaisk und suchten sie. Und nicht Altmans Truppe allein. Dann formierte sich die Armee wieder neu. So stehen bei uns die Dinge.

Ilja ist in seine Arbeit vertieft. War rührend zu mir. Habe im französischen Rundfunk gesprochen. Die haben meinen Text ganz schön verstümmelt. Viele Texte werden auf diese Weise verdorben. Es hat keinen Sinn, dagegen anzukämpfen.

Ringsum Stille. Es ist 2.30 Uhr. Heute habe ich eine ganze Büchse gezuckerter Kondensmilch aufgefressen.

8. Mai

Soja Kosmodemjanskaja ist auf dem Nowodewitschje-Friedhof beigesetzt worden. Armselig und heroisch, wie alles bei uns. Wunderbare, noch ganz junge Mädchen in Uniform. Ein Kranz von den Fallschirmspringern. Die Mutter hielt eine Standardrede. Das alles bei Regen.

Der Bruder von Sachar Chazrewin rief an. Ich weinte, weil sich ihre Stimmen so ähneln.

In der Stadt herrscht idiotischer Optimismus, der auf dem Befehl Stalins basiert, 1942 zu siegen, alle ziehen daraus den Schluß, daß wir bereits gesiegt haben, man muß nur bis Jahresende warten. Die Sandsäcke vor den Schaufenstern sind entfernt worden. Man hat den Eindruck, daß auch der Verdunkelungsbefehl jeden Augenblick aufgehoben wird. Ich stelle mir vor, wie sehr sich die Bevölkerung beim nächsten Bombenangriff wundern würde.

13. Mai

Am Samstag hat auf der Krim der Vormarsch der Deutschen begonnen. Erfolgreich – 40 Kilometer am Tag. Kertsch. Jetzt hat man sie offenbar zum Stehen gebracht. Sie verwenden eine neue Waffenart, die die Haut der Menschen auf dem Körper zerreißt. Gestern Churchills Rede: verspricht, gegen die Deutschen Gas einzusetzen, wenn sie es bei uns tun. Will die zweite Front nicht eröffnen.

19. Mai

War beim Bezirksgesundheitsamt. Ein Ehepaar wollte einen Jungen adoptieren. Sie haben Ziege und Garten. Sind 14 Jahre verheiratet, haben aber keine Kinder. Die Frau, die die Kinder aufteilt, macht ihre Sache mit Hingabe, spricht mit Liebe von den Kindern. Entweder ist sie eine alter Jungfer oder kinderlos. Im Arbeitszimmer haben zwei von der Frontredaktion übernachtet. Unsere Wohnung ist wieder einmal ein Durchgangshof.

20. Mai

Bekam eine Postkarte aus Uljanowsk von Belokon, er war mit Schura Kosmodemjanski und den anderen Jungs bei mir. Also, Sojas Mutter ist eine heldenhafte Tochter zuwenig, sie will, daß auch noch ihr Sohn im Panzer verbrennt! Absurd, doch Schura geht als Panzersoldat an die Front. Und dabei haben Soja und Schura Musik geliebt, Bücher. Vielleicht bleibt Schura am Leben?

Habe eine schlechte Radioreportage über Frontkameradschaft geschrieben. Mama redet nur noch von ihrem Gemüsegarten. Und von ihren Kartoffeln.

1. Juni

Schon Juni. Wie schrecklich. Der neunte Monat. Und ich warte immer noch.

Traurige Nachrichten: Der Angriff auf Charkow endete mit Einkesselung. Wir berichten von 70000 Vermißten, und wieviel sind es in Wirklichkeit? Ein zweites Kiew. Das ist ein Frühling! Kertsch und Charkow. Was liegt noch vor uns? Und die Mädchen kaufen Blumen, ziehen Sommerkleider an. Immer noch sprechen alle vom Essen, obwohl es seit zwei Monaten mehr gibt.

3. Juni

Heute der zweite Luftangriff der Engländer auf das Ruhrgebiet. 5000 Flugzeuge. Eine neue Kriegsmethode. Geb's Gott. Borja, ich vergesse langsam, wie du aussiehst, schrecklich!

22. Juni

Heute haben wir ein Jahr Krieg. Bald ist es ein Jahr her, daß Borja an die Front gefahren ist. Der zerstörte Kiewer Bahnhof und meine tiefe Verzweiflung. Bei der zweiten Abfahrt war ich ruhiger. Und das nennt sich Vorahnung! Als ich gestern Ugoljok ausführte, sah ich ein Auto, in dem Borja und Ilja saßen. Ich dachte – eine Halluzination. Es stellte sich heraus, daß Ilja gekommen war.

Die Befreiung vom Kriegdienst kostet 6 Liter Wodka.

Habe heute Nachtdienst.

26. Juli

Es wurden neue Orden eingeführt: Suworow, Kutusow, Alexander Newski. Als könnte man mit Orden siegen! England schweigt, bombardiert kaum.

Ich bin müde. Ich bin 31 Jahre alt – eine reiche Vergangenheit und keine Zukunft. In diesem abscheulichen Leben hat es wenigstens eine große Liebe gegeben.

2. August

Luftalarm. Ich habe im Treppenhaus gesessen. Dann lag ich mit einer Kerze zu Hause. Ugoljok zu meinen Füßen.

Erklärung des Schriftstellerverbandes, warum Borja nicht in der Liste steht: Das ist eine Liste der Familien, um die sich der Schriftstellerverband kümmern wird, um mich muß sich angeblich die Zeitung kümmern. Und ich dumme Gans dachte, das bedeute etwas anderes.

6. August

Meine Arbeit beim Rundfunk ist beendet. Marti will nur noch Franzosen. Ich bin darüber traurig. Ich muß arbeiten, und zwar viel.

Fuhr ins Heim zu den Waisenkindern nach Puschkino.

In der Vorortbahn spanische Flieger. Müde Gesichter, lustig, reden laut, erwachsene Kinder. Sehen sich Fotos unserer Flugzeuge an.

Gerüchte, daß wir an der Nordfront angreifen, es heißt, wir hätten Rschew genommen, sind aber nur Gerüchte.

8. August

Zwischen Marti und mir dramatische Auseinandersetzungen. Ich muß arbeiten. Heute hätte ich die Wände hochgehen können vor Empörung.

Morgen gehe ich zu den Flakartilleristinnen, für den spanischen Rundfunk.

Habe Ugoljok geschoren.

Roma ist ein unverbesserlicher Optimist – schreibt, daß du lebst. Ich kann mir es auch nicht anders vorstellen.

Wollte ein Kind adoptieren, doch wohin mit ihm, und wer wird sich um das Kind kümmern?

10. August

Churchill ist in Moskau. Gott sei Dank!

Marti hat mich aus dem Rundfunk gefeuert.

Die Engländer haben Gandhi eingesperrt.

Mitteilung im Radio, daß ein Zug aus Belorußland mit Waisenkindern aus den befreiten Gebieten eintraf. Es heißt, Hunderte von Frauen hätten den Zug empfangen, der größte Teil Arbeiterinnen aus dem Werk »Roter Recke«. Die Kinder wurden fast alle adoptiert. Im Auftrag des Filmstudios habe ich Material über diese Kinder gesammelt. Die siebenjährige Walja Worotnikowa erzählte mir: »Wir kommen aus Dedowsk. Die Deutschen haben uns in eine Grube getrieben, die wir selbst ausheben mußten. Wir waren: Papa, Mama, Tolja – er ist vier –, Lida – zwei – und noch unser Baby Valerik. Mama hatte Essen mitgenommen, doch die Windeln hatte sie vergessen. Valerik war naß. Mama schickte Papa nach Hause, die Windeln holen. Sie hingen bei uns im Hof auf der Leine. Als er ging, ratterte das Maschinengewehr. Mama gab mir Valerik und rannte auch los. Später haben wir sie gefunden – tot. Und Papa lag auch tot auf der Straße. Wir saßen zu viert in der Grube. Dann wurden alle in die Scheune getrieben, und von dort mußten wir über die Landstraße gehen. Wir wurden aufgeteilt – die einen in Richtung Wald, die anderen nach rechts. Wir blieben zurück. Uns sah niemand. Ich konnte Valerik nicht mehr tragen, da habe ich ihn auf der Windel über den Schnee gezogen. Wir gingen zurück in die Scheune. Ich habe Lida und Valerik im Stroh vergraben, sie waren ganz durchgefroren. Und zu Tolja habe ich gesagt: Du bleibst bei ihnen, ich gehe zum Onkel, doch Tolja hatte Angst, da sind wir zusammen losgegangen. Wir klopfen und klopfen bei unserem Onkel, doch niemand macht auf. Schließlich guckte Onkel

Wanja aus der Tür. Wir sagten, daß wir große Angst haben, wir wissen nicht, wo Papa und Mama sind. Da hatten wir sie noch nicht gesehen. Und er ging ins Haus und rief: ›Lauft zurück in die Scheune, ich komme gleich nach.‹ Wir rannten los und sahen wieder Deutsche. Sie liefen und schrien ›Hurra!‹. Das waren unsere. Sie brachten uns nach Moskau. Valerik ist im Zug gestorben.«

Tolja kam zu Sinaida Sadreddinowa, sie ist Tatarin. 34 Jahre alt. Sie hat zwei Töchter von 18 und 12 Jahren. Die ältere aus erster Ehe. Sinaida wurde zum Heiraten gezwungen, weil sie eine Waise war. Der Vater war neunmal verheiratet. Sie waren arm, Sina hatte viele Geschwister, sie erinnert sich nicht einmal, wie viele. Als die Älteste mußte Sinaida auf alle aufpassen. Eine der Stiefmütter suchte einen Mann für sie aus, der sie schlug. Er war alt und starb bald. Das zweite Mal heiratete Sinaida aus Liebe. Jetzt ist ihr Mann an der Front, doch sie hat schon fünf Monate keine Nachricht von ihm. Er weiß nicht einmal, daß er einen Adoptivsohn hat. Sinaida arbeitet seit sechzehn Jahren im »Roten Recken«. Sie ist Bestarbeiterin. Ihr Mann hat auch dort gearbeitet. Die ältere Tochter lernt Monteur und arbeitet bereits. Im Radio wurde von ihr berichtet. Bald wird sie viel Geld verdienen und ihre Mutter bitten, mit dem Arbeiten aufzuhören und Hausfrau zu werden. Sie meint, mit ihrem Geld könne sie die ganze Familie ernähren. Die jüngere Tochter besucht einen Schneiderzirkel, wenn im Herbst die Schulen wieder öffnen, kehrt sie in ihre alte Klasse zurück. Sinaida ist Analphabetin und möchte, daß ihre Kinder Bildung erhalten. Aus Sinaidas Erzählung: »Ich saß gerade mit Rosa beim Mittagessen. Wir hatten beide frei. Da hören wir im Radio, daß neue Waisenkinder aus den befreiten Gebieten angekommen sind. Sie haben mir so leid getan! Ich habe geweint. Ich wollte schon lange einen Sohn, und die Ärzte sagen, daß ich keine Kinder mehr kriegen kann. Meine Töchter kamen durch den Bauch zur Welt. Mein Mann wollte auch einen Sohn. Ich habe immer nach einem Blonden Ausschau gehalten, Tolja ist ja fast weißblond. Er wird kein Waisenkind sein. Er liebt mich und seine Schwestern, seinen Papa kennt er zwar nicht, doch er betrachtet sein Foto und sagt: ›Wenn Papa kommt, geb' ich ihm einen Kuß.‹ Mein Tolja ist gut angezogen, die Nachbarin hat ihm für Brot was genäht. Wenn mein Mann nicht zurückkehrt, werden wir Tolja allein durchfüttern. Ich habe eine Ecke für Tolja eingerichtet. Er hat ein eigenes Bett. Na, sein Schwesterchen Lidotschka hat's besser. Tolja muß in den Kindergarten. Ich zahle für ihn 45 Rubel, und nur am Sonntag kriegt er bei uns was zu essen, Lidotschka aber ist in eine Familie gekommen, wo der Mann gut verdient und die Frau zu Hause ist. Bei denen ist es so sauber. Und das Mädchen ist sehr gut angezogen. Aber ich liebe Tolja sehr, und er wird es nicht schlecht bei uns haben.«

18. August

Die Fotokorrespondenten haben von Churchill erzählt, der gestern in Moskau eingetroffen ist: Molotow hat ihn empfangen. Bankett im Kreml. Alle waren fröhlich. Stalin hat ihn nicht verabschiedet. Heute ein Kommuniqué: ziemlich unterkühlt.

Der gestrige Frontbericht: Maikop, heute – Vormarsch auf Prochladnaja.

Ich habe darum gebeten, Nastja freizulassen – die Manuskripte von Borjas Büchern, die sie verbrannt hat, bekomme ich sowieso nicht zurück. Diese schlaue Idiotin: wartet auf die Deutschen und hängt – nicht zu übersehen – ein Foto von Dolores Ibárruri mit einer Widmung für Ilja Ehrenburg auf!

Habe Lebensmittelmarken bekommen.

Habe begonnen, Material über Schostakowitsch zu sammeln.

Natascha spendet jetzt Blut.

Ich spüre Borja jede Sekunde, sehe ihn aber nicht mehr – schrecklich!

10. September

In Stalingrad Straßenkämpfe. Wieviel die Deutschen innerhalb eines Jahres eingenommen haben! Während ich mein Tagebuch nicht weitergeführt habe, ist Noworossisk gefallen. War im Krankenhaus. Alle wollten mir etwas erzählen. Sehr erschreckt hat mich ein Mann, der ein Jahr in Gefangenschaft war: freut sich wie ein Kind, daß er nicht nach Sibirien in die Verbannung gekommen ist. Heute kommt Altman. Ich muß aus diesem Haus weg. Ich bin obdachlos. Habe mich mit einem französischen Flieger getroffen, einem Bekannten von Natascha Stoljarowa, erzählte, in London gebe es keinen Zucker – wie nett. Denen geht's dort trotzdem noch gut.

21. Oktober

Inzwischen ist viel passiert. Stalingrad hält sich noch. Wir sind böse auf die Engländer. Ein scharfer Artikel gegen die Verbündeten ist erschienen. Ilja sagt den ausländischen Korrespondenten die ganze »Wahrheit«. Er ist an die Front gefahren. Es wird keine zweite Front geben, das ist klar.

Ich war krank und bin zu meinen Leuten ins Hotel gezogen. Habe begonnen, ein Buch mit Tagebüchern und Briefen deutscher Soldaten für Ilja zusammenzustellen.

31. Oktober

Habe den Stenographielehrgang hingeschmissen. Werde ohne Geld dasitzen – habe fast einen Monat nichts gemacht. Draußen scheint die Sonne. Für wen? Für mich nicht. Alle versuchen mir einzureden, daß es keine Hoffnung mehr gibt, doch ich warte auf dich – ich warte, wenn ich zum Rundfunk gehe, ich warte auf dem Weg ins Hotel, suche, wenn Ilja von der Zeitung kommt, nach dir in den Mitteilungen über die Partisanen, suche in den deutschen Tagebüchern. Aber in Wirklichkeit werde ich bis Kriegsende nichts erfahren. Naltschik ist besetzt. Stalingrad hält sich wie durch ein Wunder.

7. November

Gestern abend Rede Stalins. Ilja wurde eine Stunde vor Beginn in den Kreml gefahren. Wozu? Das ist so Sitte. Wir hörten die Übertragung im Hotel. Er sprach 40 Minuten, sagte aber wenig. Der Ton ist anders als vor einem Jahr. Siegessicher. Ganz Moskau hat sich heute ausgeschlafen, ganz selten mal ein Passant auf der Straße. Abends, d. h. um sechs, kamen die raus, die ins Theater gingen. Wenig Betrunkene. Die Stimmung ist nicht feiertäglich. Einfach ein freier Tag. Ich bin in der neuen Wohnung. Mama und Papa hat die Rede gefallen. Sie haben heute einen Kuchen gebacken!

Fradkin: »Als ich unseren Attaché in London verhörte . . .« Was ich für Bekannte habe! Wäre gut zu wissen, wer davon Spitzel ist.

24. November

Gestern die überraschende Nachricht über die Zerschlagung der deutschen Armee bei Stalingrad. Allgemeiner Jubel. Pausenlos Telefonanrufe. Meine Nachbarin saß bei mir – es interessiert sie nicht! Tonjas Mutter dagegen: »Du mußt schon entschuldigen, aber ich habe mich bekreuzigt.« Ich war im Kriegskommissariat, sie erklärten mir, Borja sei aus der kämpfenden Armee gestrichen worden.

Natascha glaubt, Rommel sei Amerikaner!

Borja, ich gebe dir mein Wort, mich nicht gehenzulassen. Vom heutigen Tag an.

26. November

Unser Vormarsch in Richtung Stalingrad verzögert sich, doch die Deutschen sind dort eingekesselt. Das ist Tatsache.

60 000 Gefangene. Ich kümmere mich um meine Abreise an die Front.

13. Dezember

War bei Andronikow im Krankenhaus. Ein Hospital für Privilegierte. Bei uns können nur Auserwählte leben.

Wissen Sie, wie das ist, wenn ein Mensch des Leidens müde ist? Ich weiß es. Ich bin müde. Ilja heute: »Warum bist du so niedergeschlagen?«

Mein Gott, woher soll ich das wissen?

25. Dezember

Gestern erneuter Vormarsch der Unseren im Gebiet Naltschik. Wahrscheinlich fahre ich am 27. an die Front. War in der Poliklinik. Ein alter jüdischer Arzt hat mich lange Zeit nackt im eiskalten Behandlungszimmer stehenlassen und mit mir den Vormarsch in Afrika erörtert.

Ilja war in Iwanowo bei den französischen Fliegern. Morgen sind es 9 Jahre seit unserer Hochzeit.

27. Dezember

Gestern habe ich mit Kaffee auf deine Gesundheit getrunken. Ich weiß, daß auch du an mich gedacht hast. Morgen fahre ich.

29. Dezember

In der Redaktion von *Wir vernichten den Feind* erinnert man sich: »Erst haben wir uns auf Moskau zubewegt, dann von Moskau weg, und jetzt treten wir auf der Stelle.« Das Dorf, in dem sich die Redaktion befindet, ist kaum zerstört, die Bewohner sind alle weg. Ringsum Wälder, Nadelbäume, mit Schnee bedeckt, auf dem Weg, der von der Chaussee zum Dorf führt, Maschinengewehre auf Schlitten, weiße Laster. Erstaunliche Stille. Abends haben wir im Radio Musik gehört, alle gemeinsam Abendbrot gegessen, Redaktionsneuigkeiten ausgetauscht, völlige Demokratie. Morgens hatte jemand den Ofen geheizt, mir wurde warm, und ich schlief ein. Politinformation, ohne die es bei uns nicht geht. Aufregung, verbunden mit der Neujahrsnummer der Zeitung. Ich habe eine Wattejacke bekommen. Morgens haben die Frauen ein Dampfbad für sich erkämpft. Im Dorf ist ein Hund zurückgeblieben – Bobik, er lacht die ganze Zeit. Ist der Liebling von allen. In der Redaktion arbeiten im wesentlichen belorussische Juden. Wahrscheinlich sind ihre Familien umgekommen, doch man spricht darüber nicht.

Früh am morgen sind zehn Korrespondenten, ich eingeschlossen, mit dem Laster ins Nachbardorf gefahren. Fuhren im Stehen. Das Benzin reichte nicht, gingen zu Fuß weiter. Das Dorf ist zerstört, Erdhütten, an den Bäumen hängen noch Starenkästen. Geschminkte Mädchen in Uniform. Die besten Soldaten sind zur Auszeichnung hierhergebracht worden. Sie wußten nicht, warum. Sie mußten 30–40 Kilometer laufen.

Saßen auf dem Fußboden, grau, hungrig, durchgefroren. Ich fotografierte sie, und dann stellten wir ihnen Fragen.

Trubel wegen der Neujahrstanne. Pausenlos Anrufe der Vorgesetzten. Das Neujahrsfest wird bei den »Mädchen« gefeiert. Alle sprechen von dem bevorstehenden Trinkgelage. Gestern habe ich versucht, mit einem Revolver zu schießen, ohrenbetäubend. Gestern zogen unsere Kolonnen über die Chaussee, die Deutschen haben sie beschossen. Im Dorf sieht man Scheinwerfer. Verdunklung wird hier nicht so ernst genommen.

1943

1. Januar

Gestern Silvesterfeier: Die Redaktion und die Druckerei haben gemeinsam Abendbrot gegessen, an übervollen Tischen, auf übervollen Bänken. Einen Tannenbaum hatten wir auch. Unsere Speisekarte: Heringe mit Kartoffeln und Ragout. Sehr süßer Honig und Madeira. Wodka gab's keinen. Wenn wir nicht aßen, sangen wir: »Einen Toast auf die Heimat, einen Toast auf Stalin.« Wir aßen mit Stäbchen – Gabeln gibt's keine. Unser Orchester: Auf einem Heuboden hatten wir eine Mandoline gefunden. Chor. Dirigent war der Setzer. Es wurden auch jüdische Lieder gesungen. Um 4 Uhr der Befehl: auseinandergehen. Frühstück eine Stunde später. Rede Kalinins – wir haben sie uns nicht angehört. Es war gemütlich und lustig.

6. Januar

Gestern das Lazarett in Sukonniki. Der Chef des Lazaretts Dowgai erzählte, welche Schwester mit wem schläft.

Die Kundschafter haben drei Mann gefangengenommen, bezweifelten, daß sie beim Überqueren des Flusses nicht anfangen zu schreien, und haben sie mit Bajonetten getötet. Noch ein anderer Bericht: Ein Kundschafter war verhaftet worden. Ein mit ihm befreundeter Kavallerist ritt ihm unter Beschuß hinterher, holte ihn ein, umarmte ihn und ritt dann zu den Deutschen. Er wurde vom Pferd heruntergeschossen, die Deutschen trugen ihn weg. Wer war das?

Zusammen mit Rosin zum 24. Garderegiment gegangen. Befehl des Chefredakteurs. Wärmten uns unterwegs auf. Am nächsten Punkt setzten wir uns in ein Auto, unterwegs stiegen wir auf einen Schlitten um und kamen zum Sibirischen Artillerieregiment. Dort große Aufregung: Sie hatten gerade Stalin einen Brief geschickt mit Geldspenden für die Produktion von Haubitzen. Man hörte Schüsse. Jemand sagte: »Die Fritzen haben nichts mehr zu lachen. Heute hab ich's ihnen gezeigt.« Mit einem Ford ins 29. Regiment gefahren. Das Auto kam nicht durch, mußten zu Fuß weitergehen. Schneidender Wind. Im Wald Stille. Lichter tauchten auf. Das war der Unterstand des Regimentskommandeurs. Beim stellvertretenden Chef gab es ein literarisches Gespräch. »Kostenka Simonow, Schenitschka Gabrilowitsch.« Mein Familienname hatte diese Reaktion ausgelöst. Außerdem ist dieses Regiment mit Schriftstellern verwöhnt. Aßen Abendbrot. Der Löffel ist aus dem Zelluloid eines abgeschossenen Flugzeuges hergestellt worden. Post wurde ausgeteilt. Zeigten sich gegenseitig die Fotos ihrer Mädchen, doch genierten sich vor mir. Man brachte mich zum Übernachten zu zwei Stenotypistinnen. Der Unterstand schmutzig, ein Bett, gleich daneben saß der schreiende Funker – schreit durch den Funk irgend etwas in deutscher Sprache. In der Pause sagte er mir: »Ich liebe die Fritzen, weiß selbst nicht, warum.« Ich schlief zusammen mit einem Mädchen auf dem Bett, das zweite lag auf der schmalen Bank. Habe ihr jetzt meinen Platz abgetreten.

7. Januar

Den Stenotypistinnen wurde die Politinformation diktiert, die aus Standardwörtern eines Leitartikels bestand. Morgens mit Schnee gewaschen. Die Mädchen tauen den Schnee nicht einmal auf. Leben schlimmer als Junggesellen. Das Klo ist in einer Laube. Die ganze Nacht über kamen welche und diktierten.

Der stellvertretende Politkommissar, der gestern von Kostenka Simonow sprach, ist heute wortkarg. Ein großer Blonder. Liebt Luxus. Im Unterstand sind noch zwei Offiziere. Essen schnell ihre Suppe, wollen ins Regiment zum Politunterricht fahren. Der Friseur Solomon kommt. Alle drei Bewohner des Unterstandes reden herablassend mit ihm, wie mit einem Narren. Und er spielt mit. Er bettelt um Papirossy, um ein Hemd, klagt, daß er keinen Kittel hat. Als er den stellvertretenden Politkommissar rasiert, schwatzt er was von Schulterklappen, von dem Konzert des Ensembles, das hier gastiert.

Dann beim Chef Jefremow. Zeigt mir ein Album mit einem Foto von der Sejfullina zwischen Soldaten des Regiments. »Die Alte war Klasse, wollte, daß wir sie zur Großmutter des Regiments küren.« Jefremow erzählt von den Schönheiten Sibiriens.

Fuhr mit Rosin auf dem Schlitten ins 87. Regiment. Fror am Schlitten fest, sie haben mich nur mit Mühe abgekriegt. Rosin bat um Wattehosen für mich. Fahrt zum Bataillon. Unterwegs eine Birke mit angebundenen Tannenzweigen – Tarnung. Getarnte Waffen, alle Leute in weißen Mänteln. An die Geschütze sind Baumstämme gebunden. Laubhütten. Viele Trampelpfade. Wir müssen durch das Dorf Ch. fahren, doch es gibt nur noch den Namen, nicht mal Schornsteine sind übriggeblieben. Hier liegt alles offen da, wir haben die Deutschen gesehen, sie uns auch. Wir stehen jetzt bei Sorokino. Der Bataillonskommandeur – ich habe ihn fotografiert – ist ein ganz junger Mann mit Stupsnase, ist stolz auf seine »Wirtschaft«. Sie bestellen gerade neue Panzer. Fast alle sind damit beschäftigt, neue Erdhütten zu bauen. Überredeten mich, über Nacht zu bleiben. Die Scharfschützen habe ich nicht angetroffen, sind zur »Arbeit«. Einer kam zum Glück, schweißgebadet, Alijew. Ich fotografierte ihn. Der Bataillonskommandeur ist ein Spaßvogel, seine Familie wohnt auf okkupiertem Gebiet. Die Kinder 16 und 13 Jahre alt. »Ich muß mir eine neue Frau suchen. Meine schreibt: ›Keinen Schritt zurück‹ – will also nicht, daß ich zurück nach Moskau komme«, scherzt er. Der Bataillonskommandeur kehrt gerade von der vordersten Linie zurück, sein weißer Mantel ist durchlöchert. Der Fritz hätte ihn beinahe umgebracht. »Heute haben wir den Fritzen ganz schön gekitzelt. Er schießt mit Granatwerfern.« Unsere Scharfschützen schwitzen, man hört Schüsse. Der Bataillonskommandeur gibt Befehl zum Waffenreinigen: Morgen kommt der Divisionschef. Der Scharfschütze Alijew ist dick, sieht aus wie ein Georgier, spricht schlecht russisch. Weist die anderen Scharfschützen ein. Alle haben Achtung vor ihm.

Mittagessen in der Küche. Der Koch stammt aus Rostow, hat drei Jahre gelernt: Er kann aus einem einzigen Huhn ein Mittagessen für die ganze Kompanie zaubern. Die Suppe ist sehr fett, mit Herz. Große Zuckerstücke. Der Bataillonskommandeur trinkt Tee aus einem Riesenbecher. Fahre um 7 Uhr fort, mich begleitet der Adjutant des Regimentschefs, sein Gesicht ist verbunden: Den Funkern war das Kabel ausgegangen, und sie nahmen statt dessen Stacheldraht, daran hat er sich verletzt. Natürlich ein Sibirier, hat am Meteorologischen Institut studiert, kennt Alijew, sagt, er sei ein selten ehrlicher Scharfschütze, sehr mitteilsam, kann aber kaum Russisch – sitzt immer allein im Wald und beobachtet die Fritzen.

In der nächsten Erdhütte – hier gibt's gerade Frühstück: Nudelauflauf, gebratene Krabben, Omelett, Gebäck mit Butter, Tee mit Konfekt und Zucker. Sieht so aus, als würden sie immer so gut essen, nicht speziell für mich aufgetischt. Der Oberst erzählt von der Schönheit des Issyk-Kul-Sees. Schleppt immer sein Bett, Spiegel und Wanduhr mit. »Suworow war zuerst auch ein einfacher Soldat.« Der stellvertretende Politkommissar zeigt sich nicht, ruft: »Ich bin barfuß, ich kann nicht . . .« Die Kundschafter und Artilleristen werden zu mir gebracht.

Morgens fotografiere ich die Maschinengewehrschützen. Sie fegen extra den Wald sauber, obwohl ich sie bitte, das nicht zu tun. Ziehen schneeweiße Mäntel über, auf denen noch die Bügelfalten zu sehen sind. Alles für das Foto. Auch hier alles Schau! Der Unteroffizier Santschlik ist bescheiden, will nicht mit aufs Bild.

Wollte die Geschütze fotografieren, sie waren aber noch

nicht von der Feuerstellung zurück. Wartete in der dunklen Erdhütte, auf der Pritsche schlief jemand. Die Erdhütte war auf die Schnelle gebaut worden, alles sehr bescheiden. Der Chef bringt den Soldaten bei, höflich miteinander zu reden. Er ist der Herr hier, doch man merkt, daß er mit seinen Untergebenen befreundet ist.

Rückkehr in unser Dorf Sukonniki. Marschierten 18 Kilometer.

Fuhr ins Lazarett nach Uwarowka, schaute bei einer Bluttübertragung zu.

Am Dorfrand steht eine Hütte – das sogenannte Bluthäuschen. Dorthin führt ein ausgefahrener Weg. Hier wohnen der Arzt und die Krankenschwester. Ich betrat die Hütte und glaubte in Dornröschens Reich zu sein. Alles unglaublich sauber. Ein großes helles Zimmer, an den Wänden Mulltücher, vor den Fenstern ebenfalls. In jeder Zimmerecke ein Thermometer. Das Feuer im Ofen glüht schwach – hohe Temperaturen schaden dem Blut. Breite Regale, bedeckt mit Mulltüchern, auf den Brettern liegen unter einer Wattedecke Fläschchen mit Blut, Plasma, Kochsalzlösung. Ein wahrer Schatz. An einigen Flakons Briefe der Spender. Einige Sätze habe ich mir abgeschrieben: »Guten Tag, lieber Vaterlandsverteidiger! Ich schicke Ihnen mein Blut, damit Sie wieder gesund werden.« Oder: »Lieber Soldat, wenn mein Blut Ihnen hilft, wieder gesund zu werden, dann schicken Sie mir bitte eine kleine Nachricht. Viele Grüße. Katja.« – » Lieber Soldat, Brüderchen! Ich habe das Recht, Sie so zu nennen, denn mein Blut hat sich mit Ihrem vermischt.« – »Ich als Blutspender werde glücklich sein, wenn mein Blut Ihnen hilft.«

Der Arzt und die Schwester haben von ihren Sorgen erzählt. Blut ist unglaublich empfindlich. Lebt nicht länger als 21 Tage. Verträgt weder Kälte noch Hitze. Die Schwester steht nachts mehrmals auf, um die Temperatur im Zimmer nachzumessen. »Viel Arbeit, und kein Ergebnis zu sehen.«

Als ich wieder in unsere Division zurückkam, wartete Post auf mich. Wie sehr habe ich auf einen Brief von dir gehofft! Weinte heimlich.

Rochlin aus der Divisionszeitung sieht Borja ähnlich. Offenbar gibt es Gesichtszüge, die typisch sind für jüdische Intellektuelle.

20. Januar

Gab lange keinen so sinnlosen Tag. Seit heute früh, und jetzt ist es 5 Uhr abends, warte ich auf einen Befehl. Der Teufel soll unser System der Versammlungen und Beratungen holen. Alle Bataillonskommandeure haben den lieben langen Tag auf Sitzungen zugebracht, dabei ist Krieg! Habe in der Zwischenzeit gelesen. Alles Mist. Und wieviel hätte ich heute schaffen können! Habe nichts zu rauchen. Wäre tragisch, wenn es hier keinen Tabak gäbe.

Habe noch nicht genügend Material übers Krankenhaus, möchte aber zurück nach Sukonniki. Muß am 24. und 25. ins Lazarett fahren. Höre Stimmen. Endlich!

22. Januar

War im 58. Regiment. Als ich auf die Scharfschützen wartete, durfte ich mir durch die Schießscharte ansehen, wie die Deutschen leben. Ein Leutnant ging mit mir. Nach vorn sind wir ungestört durch den Schützengraben gekommen. »Der Fritz ißt gerade Mittag, Sie brauchen keine Angst zu haben.« An der Schießscharte stand ein Scharfschütze. Die Deutschen waren 100 Meter von mir entfernt. Irgendwelche Figuren schleppten Holz, Wasser, gingen einfach von einer Erdhütte zur anderen. Ein friedliches Leben. Auf dem Rückweg begann der Granatbeschuß. Fürchterliches Pfeifen, Splitter flogen umher. Wir gehen durch den Schützengraben, der mir kaum bis zur Taille reicht. Vor mir kriecht ein Soldat, plötzlich sehe ich, daß seine Därme herausquellen, sie liegen blutig auf dem weißen Schnee. Meine Beine versagen mir den Dienst, doch ich bleibe stehen. Vor lauter Angst. Der Leutnant, der mich begleitet, schreit mir zu: »Legst du dich irgendwann mal hin, du Teufelsweib?!« und flucht. Da verstehe ich, daß er glaubt, ich bleibe aus lauter Tapferkeit stehen, und er kann sich nicht hinlegen, weil eine Frau steht. Ich krieche über den sich krümmenden verwundeten Soldaten hinweg, sehe seine bittenden Augen und krauche auf allen vieren zum Ende des Schützengrabens. Dort befindet sich die Erdhütte, wo meine Scharfschützen auf mich warten. Ich stellen ihnen ganz mechanisch meine Fragen, notiere ihre Antworten, doch meine Hand zittert dermaßen, daß ich später nicht entziffern kann, was ich aufgeschrieben habe. Ich glaube, es gibt nichts Schrecklicheres als einen Granatbeschuß.

In der Erdhütte war es verraucht, schmutzig, doch der Granatbeschuß hörte nicht auf. Mir wurde mitgeteilt, der Schlitten stehe bereit, ich könne ins Sanitätsbataillon fahren, doch ich gab offen zu, daß ich Angst hätte, in den Schützengraben hinauszugehen. Da sagte mir jemand, daß es bald dunkel werde.

Habe im Sanitätsbataillon übernachtet. In die eine Erdhütte werden die Verwundeten gebracht, die zweite Erdhütte ist für die, die weitertransportiert werden. Die Operationen finden in einem kleinen Haus statt, beim Schein einer Petroleumlampe. Der Chirurg Makaretow ist ein kleiner Dicker mit kurzen Fingern, die unwahrscheinlich geschickt arbeiten. Zwei Jungs – der Sanitäter und der Arzt. Den haben die Partisanen bei den Deutschen geholt.

24. Januar

Das Lazarett ist teils in Erdhütten untergebracht, teils in Zelten. Eine Schwester erzählte mir, wie sie zuerst große Angst vor Bombenangriffen hatte. »Auf dem Operationstisch liegt ein Soldat. Ich muß ihn auf die Operation vorbereiten. Gleich ist der Chirurg da. Da kommt plötzlich der Deutsche angeflogen – Bombenangriff. Höllischer Lärm, ich sehe aus dem Fenster, es brennt. Vor Angst habe ich alles vergessen und bin unter den Tisch gekrochen. Da kommt der Chirurg mit sterilen Händen herein, ich habe mich so geschämt . . . Jetzt bin ich daran gewöhnt, Angst habe ich noch immer, doch ich mache mir stets bewußt, daß es unsere Aufgabe ist, Menschenleben zu retten.«

25. Januar

War 24 Stunden beim Sanitätsbataillon. Furchtbare Bedingungen. Operiert wird in einer Erdhütte, beim Schein einer Funzel. Die Leute haben mich verblüfft. Die Chirurgen Seliwestrow, Timofejew, Zifranowitsch. Und die Schwestern: Lena Makarenko, Olja, Soja! Hier werden nur die operiert, die es nicht mehr bis zum Lazarett schaffen. Viele »Bäuche«, Amputationen. Ohne Narkose. Das Verbandsmaterial reicht nicht aus. Die alten Verbände werden ausgekocht. Auch bei den Instrumenten wird improvisiert. Seliwestrow gibt sich bei jeder mißglückten Operation die Schuld, ist finster und redet mit niemandem. In meinem Beisein wurde ein »Bauch« gebracht, die Gedärme waren voller Erde. Der Soldat war vor einigen Stunden in einen Granatbeschuß gekommen, er lebte noch. Seliwestrow wollte versuchen, den Mann zu retten, obwohl alle sagten, er hätte keinen Chance. Starb auf dem Operationstisch. Seliwestrow ist überzeugt, daß die Medizin schuld sei.

26. Januar

Ich habe schon eine Menge interessantes Material über die Mediziner beisammen, doch man wird es kaum verwenden. Es ist zu schrecklich. Was für ein armes Land wir doch sind, kein Verbandsmaterial, keine Watte, ganz zu schweigen von anderen Dingen. Doch die Menschen sind wunderbar.

31. Januar

Nachts Einfahrt in Moskau. Dunkel, nichts zu sehen. Meine Augen sind an Wald gewöhnt, mir kommt es so vor, als wären das um mich herum nicht Häuser, sondern Bäume. Ich kann mich nicht orientieren.

In Moskau alles eiskalt, alle Gegenstände. Ugoljok hat während des Spaziergangs meine Handschuhe im Schnee verbuddelt. Hat in meiner Abwesenheit fast nichts gegessen, hatte große Sehnsucht. Alja redet von Weißbrot. Ilja ist müde. Mama hat heute Blut gespendet.

Kapler wurde heute eingesperrt. Das hat man davon, wenn man sich in Stalins Tochter verliebt.

1. Februar

Mama schreibt alle Siege Schukow zu. Die Amerikaner haben Angst, daß wir ohne sie siegen.

5. März

In der vergangenen Zeit ist viel passiert. Krasnodar, Pawlograd, Charkow wurden von den Deutschen eingenommen. Glaubten, daß Poltawa wieder unser wird. Sie haben alles besetzt. Die Deutschen stehen in den Vororten von Charkow. Eine Quadrille, eine schreckliche, todbringende.

Was sich vor Moskau abspielt, ist rätselhaft. Aufgeregter Rückzug der Deutschen. Sie nehmen alles mit, lassen nur die Rückendeckung zurück, die unsere Kräfte aufhalten soll. Alles ziemlich finster. Tänze vor England und Amerika. Frühling. Es taut. Ich habe das Leben satt. Anruf wegen Futter für Ugoljok.

18. März

Dieser Tage wurde Charkow aufgegeben. Alles sehr schrecklich.

Habe einen Vertrag für Materialsammlung über Ostarbeiter in Deutschland abgeschlossen.

24. März

Der zweite Geburtstag ohne dich. Ich will überhaupt nichts. Fresse, gestern hatte ich solche Lust auf süßen Kaffee. Habe Sawwa um ein Stück Zucker angebettelt. Borja, du mußt leben.

Haben Belgorod das zweite Mal verloren.

17. April

Versuche, das Tagebuch regelmäßig zu führen. Richtiger Frühling, sogar heiß. Moskau erwartet Fliegerangriffe. Spannung wie vor einem Gewitter. An der Front ist es ruhig. Beide Seiten sammeln Kräfte. Habe gestern über Franzosen in Deutschland geschrieben, Material aus Briefen, die man bei Toten gefunden hat. Sofja kam: »Ich werde Sie nicht stören. Ich brauche nur unbedingt einen Menschen neben mir.«

Meine Lebensmittelration kam: Marmelade statt Zucker, 100 Gramm Butter, ein halbes Kilo Bohnen, Salz und Streichhölzer.

9. Mai

Hier ist ein Brief, den ein Frontsoldat der Zeitung *Komsomolka* geschickt hat. Ich soll einen Artikel dazu schreiben. Die Rechtschreibung habe ich nicht verändert, weil sie bezeichnend ist.

»Guten Tag mein lieber, geliebter Mann Michail Grigorjewitsch!

Ich schicke dir einen Gruß und viele viele gute Wünsche! Deinen Brief vom 22. 3. 43 habe ich erhalten, wofür ich dir sehr danke. Deinem Brief entnehme ich daß du sehr beleidigt bist wegen mir, weil ich ein verbrechen begangen habe und den Leutnant geheiratet habe. Natürlich war das nicht gut von mir daß ich geheiratet habe, doch wenn man über alle umstände nachdenkt, glaube ich daß du mit der Zeit alles vergessen und mir Verzeihen wirst. Ich war erstens gezwungen das zu tun, weil es für mich sehr schwer ist allein zu leben. Um so mehr in meinem alter. Und zweitens ist er ein sehr selbständiger Mensch und lieb und sehr tüchtig, obwohl er erst 24 Jahre ist, ist er schon Leutnant. Nirgends habe ich so einen Tüchtigen Menschen gesehen! Mischa! obwohl er ein so guter mensch ist und mich liebt, werde ich dich nie vergessen und deine Briefe gehen mir immer sehr zu herzen und wenn er nicht zu hause ist, lese ich sie mir immer wieder durch und weine. Auch jetzt weine ich, wo ich dir diesen Brief schreibe, er ist naß von meinen tränen. Mischa du kannst mir alles verzeihen was ich getan habe und wenn du wiederkommst komme gleich zu mir und dem anderen sage ich daß ich ihn nur aus einsamkeit gebraucht habe. Er ist nicht mein Mann. Mein Mann ist der, mit dem ich 12 Jahre gelebt habe und von dem ich eine Tochter habe Lieber Mischa dieser Leutnant hat mir eine Kuh gekauft und ich bringe ihn noch dazu mir ein fahrrad und einen schallplattenspieler zu kaufen und dann schicke ich ihn zum Teufel.

lieber Mischa du schreibst, daß ich unsere tochter gekränkt habe aber das stimmt nicht. Glaub deinen Eltern nicht was sie dir schreiben. Schreib ihnen sie sollen mir unsere Tochter wiedergeben ich liebe sie sehr. Ich weine oft um sie aber sie geben sie mir nicht zurück. Hiermit will ich meinen brief schließen. Lieber Mischa ich wünsche dir Erfolg im Sieg über den Feind über die verfluchten faschisten schlag die deutschen und wenn du wiederkommst werden wir besser zusammenleben als früher. Damit will ich mich von dir verabschieden mein lieber Mann ich bleibe deine dich liebende Dusja.

Wenn du meinen brief bekommst warte ich mit großer ungeduld auf deine antwort mein Lieber Mann Mischa!«

Tausche 1 Kilo Brot gegen 100 g Zucker. Habe meine Hüte und Schuhe verkauft. Schlecht geht's mir – kein Geld.

22. Mai

Rede Churchills. Heute Rede von Beneš gegen Polen. In den letzten Tagen ist es mit Afrika vorbei. Davis ist zu uns gekommen. Es heißt, er will ein Treffen zwischen Roosevelt und Stalin organisieren.

Alle werden noch verrückt wegen ihrer Gärtchen. Mein Artikel »Abseitsstehende« wurde gedruckt, es ging um Dusjas Brief, den der Frontsoldat an Ilja geschickt hat.

29. Mai

Familien gefallener Offiziere erhalten 10 000 Rubel. Das tut sehr weh ... Ich habe das Geld Mama gegeben, sie soll sich eine Wohnung kaufen.

Gestern waren Mama, Papa und Natascha bei mir. Sie haben nur Unglück. Beim ersten Bombenangriff ist ihre Wohnung ausgebrannt, sie stehen ohne Sachen da! ... Alle Ikonen sind verbrannt, die Sorokin vor dem Torgsin gerettet hatte!

Der Artikel »Abseitsstehende« ist genau zum richtigen Zeitpunkt herausgekommen, ich beantworte viele Briefe.

3. Juli

Antisemitismus: Die Zeitung *Wir vernichten den Feind* wurde verboten – Synagoge und Vetternwirtschaft. Armer Altman, er fährt zu irgendeinem Regiment, und Ara Altman geht ins Lazarett.

14. Juli

Habe das Tagebuch eines intelligenten Partisanen gelesen. Beschreibt sehr anschaulich den Rückzug aus Minsk und drei Tage Lager für Kriegsgefangene. Der Autor war Aspirant an einem pädagogischen Institut, naiv, sentimental, begeistert, schwärmt für Literatur und Psychoanalyse – die Krankheit der Intelligenz.

War gestern im Stab der Partisanenbewegung. Dort gab es viele Lapins.

Sah gestern Borja von hinten. Wenn man seinen Vorgefühlen trauen könnte!

Papa hat angerufen, hat die Lebensmittelkarten verloren und Angst, nach Hause zu gehen. Das verstehe ich.

Rebekka meint, Sachar und Borja seien tot, doch ich glaube es nicht.

Jetzt ernähre ich alle Sorokins, komisch, das bedrückt mich überhaupt nicht, es freut mich sogar, so kann ich wenigstens jemandem nützlich sein.

19. August

Vielleicht quält man dich. Vielleicht gehst du irgendwo hungrig, nackt, krank umher. Ich kann nicht mehr an so etwas denken. Es ist alles so schrecklich! Ninas Mann sitzt – welch ein Glück! Da weiß sie wenigstens, wo er ist. Und überhaupt, von allen Männern gibt es irgendeine Nachricht. Warum haben wir beide so ein Pech? Genauso wie Charkow, sie können und können es nicht zurückerobern! Inna ist verliebt. Verliebt. Ist mir scheißegal. Ich arbeite auch nur, um für die Sorokins Geld zu verdienen. Ich bin kein lebendiger Mensch mehr. Warum waren wir so oft getrennt? Ich hätte mit dir überall hinfahren müssen. Mein Herz ist wie ausgetrocknete Erde – ganz rissig.

Das schrecklichste ist, daß man sich daran gewöhnt, so ausgetrocknet zu sein.

Habe einen Text für die Filmchronik geschrieben. Sie haben ihn verhunzt. Zum Teufel mit dem Text, aber du hättest mir geholfen, ihn wiederherzustellen. Wer braucht mich außer dir? Habe das Feuerzeug verloren.

24. August

Am 23. August wurde Charkow genommen. Abends Feuerwerk, Böllerschüsse. So wird man das Ende des Krieges feiern. Und ich?

22. Oktober

Vor zwei Tagen kamen Ilja und Grossman zurück. Waren in der Nähe von Kiew. Erzählen von Verrat und Vernichtung der Juden. Ein Leutnant – Jude – wurde Dorfschulze und hat sich auf diese Weise gerettet. Sicher wird er jetzt von unseren Leuten erschossen. In Kiew sind innerhalb von vier Tagen 52 000 umgebracht worden. Vieles ist verbrannt. Die Ukrainerinnen haben mit Deutschen gelebt. Drei Mädchen bringen den Deutschen Essen in den Wald, die Deutschen halten sich dort versteckt. Grossman war in Borispol – kaum Bevölkerung, die Spuren des Rückzugs von 1941: Teile von Armeejeeps, verrostete Waffen. Die Bauern können sich nicht mehr daran erinnern, was gewesen ist – es ist zuviel Zeit vergangen. Aber die Stiefel und Hemden, die sie den Leichen abgenommen haben, die tragen sie. Überall auf der Welt sind die Bauern habgierig.

Sowohl Grossman als auch Ilja sagen: Es gibt keine Hoffnung mehr. Weiß ich selbst – wenn sie den Dnjepr überschritten haben, wo soll da Borja sein? Alles logisch: Im besten Fall ist er getötet worden. Doch vielleicht ist er auch gequält und dann erschossen worden, vielleicht hat er Selbstmord begangen? Das ist alles so schrecklich, daß es nicht in mein Bewußtsein dringt. Ich begreife, es gibt Borja nicht mehr.

27. Dezember

Gestern waren es zehn Jahre seit unserer Hochzeit! Und keine Veränderungen. Ich bin in der Lawruschinski-Gasse. Allein in der zerstörten Wohnung. Überall Kalk. Das Dach ist undicht, die Fenster zerschlagen. Ich habe es gewußt: Es kommt der Moment, wo ich nicht mehr in der Lage bin, Selbstmord zu begehen. Gott, wie schrecklich. Jetzt wissen wir alle, wozu die Deutschen fähig sind.

1944

9. Januar

Habe lange nicht geschrieben, obwohl viel passiert ist. Offenbar bin ich aller Dinge so überdrüssig, daß es mir gefällt, wenn ich allein bin. Ich bin eine alte Jungfer geworden, nichts zu machen. C'est la vie.

24. Januar

War bei der Mutter von Sachar Chazrewin, sie liegt im Krankenhaus, hat Krebs, sie ist ein hoffnungsloser Fall, man will sie nicht im Krankenhaus lassen, man braucht ihr Bett. Ihre Augen! »Ich brauche nur ein kleines Eckchen, wo ich in Ruhe sterben kann.« Der Arzt sagt: noch zwei Monate, den letzten Monat Morphium. Im Krankenhaus schmutzige Kittel, Dunkelheit, betrunkene, verlauste Pflegerinnen. Gehe über die dunklen Straßen zu Fuß nach Hause, abgehärmte, mürrische Passanten.

Gestern Gespräch mit Wassjona, einer Partisanin, wie sie sich selbst bezeichnet, doch in Wirklichkeit ist sie Diversantin. Sie hat mir ihr Tagebuch geschenkt und gesagt, ich könne mit ihm machen, was ich wolle, nur die Namen solle ich ändern. Ein zierliches Mädchen, hat überhaupt keinen Eindruck auf mich gemacht, doch ihr Tagebuch hat mich erschüttert. Die grausame Wahrheit.

14. Juli

Habe beschlossen, mein Tagebuch weiterzuführen.

Wir haben eine Wohnung bekommen. Damit verbundene Aufregungen.

Habe das Buch für die WOKS beendet und die Übersetzung für den Militärverlag – wenig Freude.

Jetzt brüte ich vor mich hin, dieselben Tränen und, o weh, dieselbe Hoffnung. Woher der Mensch nur so viel Optimismus nimmt? Die gesamte Ukraine ist befreit, wir haben bereits Wilna eingenommen, bald geht's nach Deutschland, und ich hoffe immer noch, dich wiederzusehen.

19. August

In der neuen Wohnung, das Haus haben Weiber gebaut, die Männer sind an der Front. Man muß noch viel selbst machen.

Im Warschauer Lager wurde mit heißem Dampf getötet. Bei jedem Bericht sehe ich Borja vor mir. Mit Dampf . . . Ich bin gewiß ein Elefant, wenn ich mir Borja bidlhaft vorstelle und danach esse, lache, an Perlonstrümpfe denke.

28. August

In den letzten Tagen wurde Paris eingenommen. Von den Franzosen selbst. Das wird bei uns verschwiegen. Ilja singt die Marseillaise. Ich erinnere mich wieder an alles, auch an die Gerüche, die es nur in Paris gibt. Wie verkorkst mein Leben ist, es besteht aus lauter Stückwerk, aus guten und sehr schlechten Dingen. Ich glaube, das ist typisch für meine Generation.

Salut. Viele Ereignisse, und fast alle gut. Ankunft de Gaulles und Unterzeichnung des Pakts. Übertragung im Radio. Der betrunkene Bidault, man weckte ihn und sagte ihm, er solle sich die Hosen anziehen usw.

Ich war in Litauen, für das Jugendkomitee. Habe einige Artikel geschrieben, u.a. auch über das wunderbare Mädchen Nina Tschischinokaite.

Im Zug nach Litauen habe ich Vitka Kempner kennengelernt, eine ehemalige Partisanin aus Wilna. Sie erzählte mir vom Aufstand im Wilnaer Ghetto, von den litauischen Partisanen. So habe ich auch im Zug noch Material gesammelt. In Moskau werde ich über all das schreiben. Wohne in einer luxuriösen Wohnung, wohin mich Vitka mitgenommen hat – die ehemalige Wohnung eines Ministers. So viel Pomp habe ich noch nie gesehen und werde es wohl auch nie. Jetzt wohnen ehemalige Partisanen hier, und es herrscht eine tolle Unordnung. Doch im Unterschied zu sowjetischen Verhältnissen ist nichts geklaut worden, soweit ich das einschätzen kann. Wozu auch? Sie haben alle kein Zuhause. Vitka ist Studentin an der Warschauer Uni. Sie ist mit ihrem Bruder nach Wilna geflohen. Als Wilna von den Deutschen besetzt wurde, mußten sie ins Ghetto. Vitka hat helle Haare und graue Augen. Sie sieht nicht jüdisch aus. Man hat ihr einen arischen Paß besorgt, und sie ist in die Stadt gegangen. Im Ghetto gab es eine illegale Organisation, und Vitka erfüllte viele Aufträge. Vitkas Bruder wurde nach Warschau geschickt, kam aber nicht zurück. Vitka ist jetzt ganz allein auf der Welt.

An den Zimmertüren hängen Schilder: »Besetzt von Partisanen.« Unter den Deutschen wohnte hier ein Versorgungsbeamter. Er ist geflohen und hat seinen Pelz aus Affenfell und vieles andere vergessen. Briefwechsel mit Berlin, Frachtbriefe. Ich habe versucht zu entziffern, was die Deutschen aus Litauen weggebracht haben: Brot, Butter, Schinken, Schafe ... Die Partisanen wohnen in zwei Zimmern, aus denen sie alles verbrannt haben, was an den früheren Besitzer erinnert. Im Arbeitszimmer hängt ein Porträt von ihm – ein ältlicher Beamter mit Schnurrbart.

In Wilna ging ich ins »kleine Ghetto«. Ruinen. Hier wurden 15 000 Menschen umgebracht. So wurde mir erzählt. Ich sah die alte Synagoge, die zur Hälfte unter der Erde liegt. Ich ging die breite Treppe hinunter. Auf dem Boden verstreut – Gebetsbücher, Glasscherben. Es stank nach Rauch. An der Wand der Kasten für die Tora. Jemand erzählte mir, ein Jude habe darin eine Woche gekauert und sei dann unbemerkt aus der Stadt geflohen.

Niemand braucht dieses Material. Soll es solange bei mir liegenbleiben.

Von Wilna nach Kaunas. Unterwegs hielten wir in einem verlassenen Todeslager an. Ordentlich zum Abtransport bereitgelegt: ein Berg Frauenhaar – helles, dunkles, graues –, ein Haufen Kinderschuhe, ein Haufen Gebisse usw. Ich habe schon viel davon gehört, doch wenn man alles mit eigenen Augen sieht ... Es schien, als wären die Haare, das Spielzeug und die Gebisse noch warm. So etwas kann man nicht vergessen. Wenn Borja auch ...

In Kaunas traf ich meine alten Bekannten, d. h. einen Teil von ihnen: Durch die Straßen zogen mit lustigen französischen Liedern auf den Lippen meine französischen Flieger von der Staffel »Normandie-Njemen«. Das war das einzig Positive, was ich in der Stadt zu sehen bekam.

War im 9. Fort, ehemals Kasematten. Hier sind Juden aus vielen Teilen Europas erschossen worden. Auf den Pritschen, an den Wänden, in den Kisten, wo die Gefangenen ihre Sachen hatten, sind mit einem Nagel Inschriften in verschiedenen Sprachen eingeritzt worden: auf französisch, deutsch, russisch, italienisch und sogar eine Inschrift in lateinischer Sprache. Einen Teil davon habe ich abgeschrieben:

»Pawel Tatarius 10. Juli 1944, zum Tode verurteilt. Am 10. Juli wird das Urteil vollstreckt.« – »Gebiet Rjasan, Walkina Maria Sacharowna, teilt bitte meine Erschießung Walkin A. W. mit, wegen Flucht aus dem Lager.« – »Makejew, Gadschi Magometowitsch, geb. 1912, Kaukasus, am 5. 8. 44 angekommen. Bitte Janowskaja ... mitzuteilen, daß ich erschossen wurde.« – »Ollinter Simon Ullman Karl weggebracht aus Dransy am 15. 5. 44, angekommen in Kaunas am 18. 5. 44.« – »Punkus Lionel Almoli, angekommen aus Dransy (Paris) 18. Mai 1944.« – »A. Spitzberg angekommen 23. Mai 1944, wohin?« – »5 Franzosen wurden aus Dransy (Frankreich) hierhergebracht. Es lebe Frankreich.« (Daneben war die Freiheitsstatue eingeritzt.) »Paul Lubotte, geb. 26. 8. 1923, aus Dransy, Ankunft Kaunas 18. 5. 44. Abfahrt 23. 5. Hoffe, den Nordpol zu erreichen.« – »Anscheinend wird Litauen meine

Heimat, Don Basilio.« Kalender für drei Monate, eine Landschaft mit See, Schwänen und Boot . . .

20. Dezember

Nach Moskau zurückgekehrt. Fand bei uns ein jüdisches Mädchen vor – Fanja . . .

1945

21. Januar

Die letzten Tage pausenlos Salut: Einmarsch in Südpreußen, in Schlesien, Warschau wurde genommen, in der Tschechoslowakei – Kopice.

Habe die »Unsterblichen Briefe« der Franzosen übersetzt. In Paris gibt es keinen Strom, keine Aufzüge, keine Heizung, nichts zu essen. Jetzt wissen sie auch dort, was Krieg bedeutet.

28. Januar

Gestern war Iljas Geburtstag. Bei den Sorokins: »Unsere Soldaten spießen in Preußen Kinder aufs Bajonett.« Bei Garro traf ich ein Ehepaar aus Paris. Sie erzählen, Milch kostet in Frankreich 100 bis 200 Franc. Milch bekommen nur Kinder unter einem Jahr. In Paris wird gehungert, in den Cafés gibt's nur Bier.

1. März

Fahre nach Odessa, den Dampfer mit unseren Repatrianten empfangen.

Im Zug nach Odessa schlief in meinem Abteil ein Unteroffizier, der sich als Antisemit erwies, er bekam seinen Mund nicht zu und brüstete sich damit, daß er eine Unmenge Orden hat, nur reinrassige Russen könnten so tapfer kämpfen, die Juden säßen alle im Hinterland. Ich erwiderte nichts, doch auf einmal hielt ich es nicht mehr aus und heulte auf dem stinkenden Klo.

Odessa habe ich unbekannterweise geliebt: Es wurde immer

so schön beschrieben, und viele meiner Schriftstellerfreunde stammen von dort. Doch die Stadt ist ganz anders, als ich sie mir vorgestellt hatte. Der Bahnhof war kein Bahnhof. Die Wartenden weinten, schrien hysterisch: »Oi, Schenja, Schenja!« Auf dem Bahnhofsvorplatz wurden Kringel und Sonnenblumenkerne verkauft, Droschkenkutscher! Habe alle Hotels abgeklappert. Kein Bett frei. Ging zur Militärkommandantur. Ein Zug mit Kranken kam an. Der Kommandant: »Diese Odessaer kennen wir!« Erst nachdem man ihm zum drittenmal gesagt hatte, daß sie ansteckende Krankheiten haben, gab der Kommandant die Erlaubnis, sie unterzubringen.

Es blies ein kalter Wind, das Meer war ungemütlich. Der Hafen tot, die Straßen dunkel, das Kraftwerk zerstört, überall Warteschlangen. Die lustige, sorglose Bevölkerung ist unzufrieden mit dem Einmarsch der sowjetischen Truppen: Unter den Rumänen durften sie ungehindert Handel treiben – es gab genug Waren, und was für eine Manufaktur! Juden haben sie allerdings erschossen, doch das hätten sie unter dem Druck der Deutschen getan, sie selbst hätten nie etwas Böses gewollt. Und nach Brot hat man nicht anstehen müssen. Ich kam im Hotel »Krasnaja« unter. Abends erzählte mir das Zimmermädchen: »Die Rumäninnen sind sehr schön, wunderbar angezogen. Unsere Weiber haben ihre Mode gleich übernommen, drehten sich über der Stirn eine Locke. Die Rumäninnen konnten unsere Weiber nicht leiden, doch ihre Männer haben mit ihnen geschlafen. Es gibt kaum ein russisches Mädchen, das nicht einen Rumänen hatte. Meine Nachbarin hat ein hübsches Kind von einem Rumänen gekriegt. Wir haben entweder gehandelt oder für die Rumänen gearbeitet. Ich habe Blusen genäht und sie auf dem Markt verkauft. Die Juden haben zuerst nicht gehandelt, sie wurden in ein Ghetto getrieben, doch viele konnten sich retten. Als das Gebäude des NKWD in die Luft ging, wurden 30 Leute vor dem Bahnhof aufgehängt, sie hingen lange. Der Basar war wunderbar – da saßen Weiber und hatten grellfarbenen Kattun neben sich liegen für 60 Rubel. So was hatten wir noch nie gesehen.«

Habe eine Karte fürs Dampfbad bekommen. Hier habe ich

mich zum ersten Mal seit einer Woche ausgezogen und festgestellt, daß ich Kleiderläuse habe. Im Hotel: keine Heizung, kein Wasser, kein Licht. Und der Dampfer kommt und kommt nicht, und keiner weiß, wann mit ihm zu rechnen ist.

In Erwartung des Dampfers ging ich in eine ehemalige Fabrik. Dort werden die Fabrikhallen aufgeräumt. Meiner Meinung nach sind sie nur noch Ruinen, doch ich erfuhr, daß bereits in zwei Hallen gearbeitet wird, obwohl sie ohne Dach sind. Die Deutschen waren zwei Wochen vor der Rückeroberung durch die Rote Armee in Odessa einmarschiert, die Stadt wurde entweder während der Kämpfe oder schon vorher von den Deutschen zerstört. Vor den Deutschen waren die Rumänen da, Odessa wurde am 11. April befreit, und bereits am 12. wurde mit den Aufräumarbeiten im Werk begonnen. Zuallererst hatte man auf eine Ziegelmauer geschrieben: »Aus Schutt und Asche erbauen wir das Werk.« Ohne Losungen geht's bei uns nicht! Eine der Mädchenbrigaden wird von Anja Belskaja geleitet. Ein energisches Mädchen, doch die Bauarbeiterinnen haben es schwer, es gibt kein Material . . . Schließlich teilte mir der Kommandant mit, das Schiff werde heute erwartet, und gab mir einen Passierschein für den Hafen.

Im leeren Hafen hat ein riesiges Schiff festgemacht, mit dem unsere Repatrianten aus Liverpool gekommen sind. Fremde wurden nicht in den Hafen gelassen, zur Begrüßung wurden nur eine Militärgruppe und einige Journalisten vorgelassen. In Moskau hatte man mir gesagt: »Ehemalige Kriegsgefangene, sie werden die russische Erde küssen, wenn sie von Bord gehen.« Erstens erinnerte der Hafen an eine Müllkippe mit altem Eisen, man hätte wenigstens die rostigen Rohre und Schienen wegräumen können, und zweitens wurde die Gangway ewig nicht heruntergelassen. Dann traten endlich die ehemaligen Gefangenen heraus. Sie hatten fast alle Baskenmützen auf. Kein einziges Gesicht leuchtete. Auf dem Platz wurde ein kurzes Meeting abgehalten. Die Repatrianten hielten rote Fahnen in der Hand und Stalinporträts. Und noch zwei Transparente: »Guten Tag, Heimat« und »Stalin, danke«. Offenbar hatte man sie bereits auf dem Schiff in Gruppen eingeteilt, und nach der kurzen Rede eines Vertreters des Odessaer Stadtsowjets, der die Ankömmlinge begrüßte, marschierten sie in Reih und Glied zur ehemaligen Militärschule. Dort wurden sie von einer medizinischen Kommision untersucht, gaben Erklärungen ab – wie sie in deutsche Gefangenschaft geraten und wie sie dann zu den französischen Partisanen gekommen waren. Ich bekam gleich am nächsten Tag einen Passierschein für die Militärschule. In einem besonderen Zimmer durfte ich mit den ehemaligen Partisanen sprechen. Sie glaubten, ich hätte Einfluß auf ihr zukünftiges Schicksal – jeder brachte mir ein Geschenk mit: Ersatzschokolade, deutsche Zigaretten usw. Ich bat sie, von sich zu erzählen, und erklärte ihnen, daß ich nur eine Korrespondentin sei, ihnen aber keine Gefahr drohe. Es gab einen Juden unter den Ankömmlingen. Er hatte sich gerettet, indem er als Dolmetscher in einem deutschen Lager arbeitete. »Dank meiner Tätigkeit konnte ich nicht nur vielen unserer Gefangenen helfen, ich habe auch die Flucht einer Gruppe organisiert, mit der ich dann selbst aus dem Lager geflohen bin.« Er sagte die Wahrheit. Ich riet ihm, niemandem zu erzählen, daß er als Dolmetscher gearbeitet habe: »Für alle Fälle.« In der Nacht hat sich dieser Ingenieur aus Charkow erhängt.

Eine große Gruppe aus Tilsit war dabei, die von den Deutschen nach Frankreich gebracht worden war. Alle hatten auf ihrer Kleidung ein rotes »R«. Ihnen gelang es zu fliehen, ein Teil von ihnen kam zu einer Maquis-Einheit – sie zeigten mir Dokumente, in denen auf französisch stand: »Sechs Monate Maquis. Ein der gemeinsamen Sache ergebener Kämpfer.« Ich glaube, für die sowjetische militärische Umschulung, die sie jetzt durchlaufen müssen, zählen diese Dokumente nicht. Und sie haben alle von dem Tag geträumt, an dem sie wieder in die Heimat zurückkehren würden.

Besonders gefielen mir die Brüder Plochotny, ihr Vater war schon im Bürgerkrieg umgekommen, ein Bruder, Wassili, war jetzt bei der Verteidigung von Rostow gefallen, Afanassi war bei Sewastopol verwundet worden, floh, stieß auf eine Partisaneneinheit, dorthin kam auch der jüngere Bruder Michail. Beide wurden von der SS geschnappt. Schließlich landeten sie in Buchenwald – im internationalen Lager, von dort wurden sie nach Frankreich deportiert. Dort flohen sie abermals, Afanassi, der kein Französisch verstand, stieß auf die Partisaneneinheit von Robert Leblanc und kämpfte zusammen mit den Partisanen gegen die Deutschen, in dem Glauben, daß er seine Familie niemals wiedersehen würde. Ich ließ mir von Afanassi Plochotny die Adresse geben, um seiner Frau mitzuteilen, daß er und der jüngere Bruder lebten, das habe ich auch getan. Warum dürfen sie ihren Leuten nicht schreiben? Das ist für mich ein Rätsel. Immer noch die alte Konspiration. Ich habe drei Hefte mit den Berichten der Repatrianten vollgeschrieben. Der Jude geht mir nicht aus dem Kopf, der sich umgebracht hat – eine Nacht nach unserem Gespräch. Sollte ich daran schuld sein? Nein, er hatte wohl einen anderen Empfang in der Heimat erwartet, ein Jude kann nicht überleben.

Am nächsten Tag war ich in einem Sanatorium, in dem französische, belgische und amerikanische Kriegsgefangene wohnen, die von der Roten Armee befreit worden sind. Dort sah ich glückliche Gesichter – sie würden mit demselben Schiff, mit dem unsere Repatrianten gekommen waren, in ihre Heimat zurückfahren. Sie sangen, pfiffen, lachten, gestikulierten, ein Amerikaner ahmte ein Saxophon nach, ein anderer trommelte auf einer Konservendose, ein dritter schlug Topfdeckel gegeneinander.

Mir gelang es, zwei Franzosen über ihren Aufenthalt in einem deutschen Lager auszufragen. Ein Unterschied wie Tag und Nacht. Sie standen unter dem Schutz des Roten Kreuzes . . .

Früh am Morgen marschierten Kolonnen ehemaliger ausländischer Gefangener durch die Straßen von Odessa. Sie marschierten mit Orchester und sangen – jede Kolonne in ihrer Sprache. Sie waren aufgekratzt, die Schuhe geputzt, die Uniformen gebügelt – wie sie das geschafft haben, ist mir ein Rätsel. Plötzlich kommen ihnen deutsche Kriegsgefangene mit Wachmannschaft entgegen. Sie tragen verkohlte Holzstämme. Die Deutschen schauen erschrocken auf ihre sowjetischen Wachsoldaten, doch die ehemaligen französischen Kriegsgefangenen sagen nichts zu ihnen, sie singen nur lauter die »Marseillaise«.

31. März

Kann Odessa nicht vergessen, habe mehrere Artikel geschrieben. Einen Teil für *Krasnaja swesdna*. Sie wurden unglaublich verstümmelt, die Namen der ehemaligen Partisanen wurden verändert. Klar, sie sitzen nun in unseren sibirischen Lagern. Von der Familie der Brüder Plochotny erhielt ich einen dankbaren Brief – nur von mir hatten sie erfahren, daß ihre Männer leben. Sie gelten bis heute als vermißt. Es war kein Zufall, daß sie wie Gefangene die »heimatliche Erde« betraten.

Wir haben unsere Radios wieder. Die ganze Welt spricht vom Zusammenbruch Deutschlands, die Alliierten marschieren schnell voran. Es heißt, der Krieg wird am 15. April oder 1. Mai zu Ende sein. Ljolja muß ein Programm für die Siegesfeier vorbereiten. Wir stehen 60 km vor Berlin, die Verbündeten 300 km. Wer ist schneller da? Die Verbündeten befreien Lager mit unseren Gefangenen. Der Haupteindruck von Odessa: Sie mögen dort die sowjetischen Truppen nicht, wollen die Rumänen wiederhaben.

Wir haben das Abkommen mit den Japanern gelöst. Sicher haben das die Verbündeten gefordert. Es wird also Krieg mit Japan geben. Tito und Churchill sind in Moskau.

14. April

Wie ich heute früh die *Prawda* aufschlage, sehe ich auf der ersten Seite eine Überschrift mit großen Buchstaben: »Genosse Ehrenburg vereinfacht« – unterzeichnet von einem gewissen Alexandrow aus dem ZK, darüber, daß es das deutsche Volk gibt und daß die Deutschen alle Kräfte an unsere Front werfen und nicht an die Westfront, um uns von unseren Verbündeten zu trennen.

Zu Hause finstere Stimmung. Auf einem Treffen bei TASS mit Tito wurden die Schriftsteller Leonow, Tichonow, Simonow erwähnt, Ilja nicht. Es geht wieder los. Das kennen wir alles. Gestern starb Roosevelt. Trauerflore in Moskau. Gestern wurde Wien genommen. Es schneit und ist kalt.

Fanja kommt aus der Schule und fragt: »Ist Roosevelt Kommunist?«

Die Verbündeten stehen direkt vor Berlin, sicher marschieren sie früher ein als wir.

19. April, 5 Uhr früh

Höre Radio. Paris. Zu Hause finstere Stimmung in Zusammenhang mit dem *Prawda*-Artikel über Ilja. Auf der Erde ist der Teufel los. Sie zanken sich wegen Deutschland und Polen. Die Engländer haben zum ersten Mal die Grausamkeiten der Deutschen gegen uns gesehen und sind entsetzt.

Mich verfolgt ein Gedanke: zum Fenster gehen und ins Leere treten, manchmal ist dieser Gedanke beruhigend. Doch das Pflichtgefühl hält mich davor zurück. Ob ich das von meinem deutschen Großvater geerbt habe?

Ilja blickt starr vor sich hin, interessiert sich für nichts, will nichts essen, nur Dill ... Hat Stalin einen Brief geschrieben und wartet. Er tut mir furchtbar leid, aber ehrlich gesagt, es gibt schrecklichere Dinge.

21. April

Ein Jude wird gefragt, wie er zur Sowjetmacht steht: »Wie zu meiner Frau: Ich fürchte sie ein bißchen, ich liebe sie ein bißchen, und ich will ein bißchen was anderes.« Wir marschieren auf Berlin vor.

22. April

In Brüssel wurde eine Zeitung verboten: Sie hatte einen Artikel zur Solidarität mit dem deutschen Volk abgedruckt. Die Welt ist verrückt geworden, alles wird aufgeteilt, die ganze Scheiße kommt nach oben. Moskau in Erwartung des 1. Mai. Im Kaufhaus Frühlingsbasar. Teure Sachen werden nicht gekauft.

23. April

Gestern haben Unsere Berlin eingenommen. Die Stadt wird beschossen. Brennt, wird eingeschlossen. Die Vereinigung der Russen und Amerikaner wird in Dresden erwartet.

26. April

Ein Brief von Mamas Schwester aus Bulgarien, ich soll gegen den Alkoholismus kämpfen. Zu Hause gedrückte Atmosphäre, von Stalin keine Antwort. Ich muß über den Wiederaufbau Odessas für den französischen Rundfunk schreiben, würde aber viel lieber über Beerdigungen schreiben. Habe gestern für 150 Rubel Bücher verkauft. Was soll ich machen? Kein Geld.

Moskau bereitet sich auf den 1. Mai vor, alle kaufen Papierblumen, Fenster werden geputzt. Merde.

27. April

Vereinigung der Amerikaner, Engländer und Russen. Rede Stalins, Churchills, Trumans im Moskauer Rundfunk.

Mussolini soll geschnappt worden sein.

28. April

Himmler hat den Amerikanern und Engländern Frieden angeboten. Uns fürchten sie, die anderen haben abgelehnt, heute wird in unseren Zeitungen den Verbündeten gedankt.

2. Mai

Ereignisse: Mussolini wurde mit seiner Geliebten von Partisanen getötet, ihre Leichname wurden in Milano an einer Tankstelle mit dem Kopf nach unten aufgehängt. Die Italiener defilierten an ihnen vorbei und bespuckten sie. Gestern die Mitteilung von Hitlers Tod.

Heute wurde Berlin genommen, auf den Straßen keine besondere Freude. Habe gestern Radio Paris gehört: Es wurde die »Internationale« gesungen, im Vatikan wurde zum ersten Mal der 1. Mai gefeiert.

In Frankreich haben bei den Kommunalwahlen die Kommunisten gesiegt.

8. Mai

Heute die Kapitulation Deutschlands. Die ganze Welt feiert. Paris schreit: »Vive de Gaulle, Stalin, Churchill« – und bei uns herrscht völlige Ungewißheit – alle haben den ganzen Tag gewartet, aber es gab nur drei Salute wegen der Einnahme irgendwelcher Städte (Dresden und Szczecin), Stalin ließ nichts verlauten. Wir sind in Stalins Hand. Doch im Prinzip ist es zu Ende. Und ich weine. Ich habe gewußt, daß das Kriegsende für mich sehr schmerzhaft sein wird. Borja erlebt es nicht . . . Ich bin eine alte Witwe, eine alte Frau. Warum soll ich dieses verfluchte Leben weiter mitmachen? Im Fenster gegenüber Blumentöpfe – das ist der Frieden. Alle werden glücklich sein, nein, ich weiß, nicht alle, doch die anderen gehen mich nichts an. Ich will auch noch ein Tröpfchen Glück und bin verurteilt, unglücklich zu sein. Was für ein Schwein bin ich doch, denk mal nach, er wollte bestimmt nicht sterben. Und wie ist er gestorben? Nein, ich kann es nicht glauben. Quäle dich im stillen, verberge dein Leid.

9. Mai

Tag des Sieges. Habe Radio Paris gehört, um 4 Uhr sprach de Gaulle: »Vive la France!« Dann habe ich Churchill gehört. Ein Marsch wurde übertragen. Ich will nicht allein sein. Ich brauche einen Mann. Jetzt spielen sie den »Chant du départ«. Wie nichtig alles ist . . .

11. Mai

Am 8. Mai haben wir ungeduldig darauf gewartet. Europa hat gefeiert, bei uns nichts. Die Kapitulation wurde in Reims unterzeichnet, und wir warteten darauf, daß sie in Berlin unterzeichnet wird. Und um 2.10 Uhr wurde es endlich im Radio mitgeteilt. Die ganze Nacht auf den Straßen Lieder und Geschrei. Am Tage sprach der betrunkene Stalin. Feuerwerk. Habe viele weinende Frauen gesehen. Ich habe mich zusammengerissen, doch am Nachmittag hab ich's nicht mehr ausgehalten. Da habe ich endlich begriffen, daß ich immer noch hoffte, ohne es zu wissen. Er kommt nicht mehr, alles ist vorbei. Ich werde verrückt.

Was war am 9. Mai? Fanja und ich gingen mit Ugoljok auf die Straße. Ich sah, wie man Ilja in die Luft warf, ich hatte Angst, daß sie ihn fallen lassen. Er hatte ein erschrockenes Gesicht. Ich wurde geküßt, umarmt, Fanja auch. Unbekannte Menschen. Ein Meer von Menschen, viele weinten, alle schrien etwas. Fanja und ich sind zu Olga gegangen, sie wohnt gleich nebenan. Sie machte die Tür auf und sagte: »Putzt euch die Schuhe ab!« Solch einen Empfang hatte ich nicht erwartet, wir gingen wieder. Fanja lachte und weinte, ich auch. Wir versuchten auf den Roten Platz zu kommen, doch es waren zu viele Menschen. Wir gratulierten auch wildfremden Leuten, küßten sie und riefen: »Der Krieg ist aus! Frieden!« Fanja und ich gingen tränenüberströmt nach Hause. Abends kamen Gäste. Wir tranken auf den Sieg. Ilja lächelte schweigend. Auf den Straßen fast keine Betrunkenen. Solch ein Fest, und Borja hat es nicht erlebt.

18. Mai

Mir ist es egal, ob Mai oder August ist. Es regnet, und ich bin es zufrieden. In Europa hat Göring mit den Engländern und Franzosen zu Mittag gespeist, in der Zeitung Görings Menü. An einigen Orten haben die Engländer und Amerikaner den Befehl erhalten, die Deutschen militärisch zu grüßen. Die BBC hat entrüstet darüber berichtet.

Altman ist gekommen, traurig. »Was soll ich jetzt machen?« Diese Frage taucht bei vielen auf. Es gibt kein Zurück zum Alten. Die Leute sind anders geworden.

Alle, die in den Westen fahren, bringen unheimlich viel Krempel von dort mit. Ein blutiges Jahrhundert, vermischt mit Habgier. Altman hat nichts mitgebracht. Ein selten sauberer Mensch. Ich habe Borjas Anzug und Schuhe verkauft. Bekam sehr wenig Geld. Kehrte wie bespuckt zurück. Olga hat einem Verkäufer 27 Rubel geklaut. Und sie ist Parteimitglied!

19. Mai

Höre Radio Paris. Es wird von umgekommenen Partisanen berichtet und gleichzeitig von Hitlers Leben, nach den Erinnerungen einer Stenographistin – der Führer mochte Nüsse und Schokolade.

Fanja und ich träumen vom Umzug, von einem Leben zu zweit. In der Lawruschinski-Gasse werde ich besser arbeiten können.

Mama hat in Istra ein Häuschen gekauft. Für die Zehntausend, die ich für Borja bekommen habe. Ilja hat ein Telegramm aus Wladiwostok erhalten: Borja soll dort im Lager sein. Wieder mal eine Ente, und soviel Aufregung!

Die Rundfunkstationen der ganzen Welt sind widerlich!

Die ganze Welt gibt sich Mühe zu verhindern, daß wir die Atombombe bekommen. Durch London ist das erste mit Atomenergie betriebene Auto gefahren.

Zu Fanja kam ein Bekannter ihres Bruders, der Bruder fährt nach Palästina.

Heute Generalprobe von »Aschenputtel« mit der Ulanowa. Ich gehe hin. Wozu?

Der amerikanische Korrespondent Schapiro war heute da, die typisch amerikanische Einteilung in »wir« und »ihr«. Pyrjew hat einen ganzen Lastwagen mit Klamotten aus dem Westen mitgebracht. Er ist nachts vor unserem Haus vorgefahren – eine Schande.

Die Welt ist beunruhigt, es heißt, das Jahr 1918 wird sich nicht wiederholen, sie haben Angst, daß sich alles wiederholt, ich auch.

Möchte sehr gerne wissen, ob meine Freunde in Paris am Leben sind: Yves, Serge, Max; von Jacques weiß ich, daß er gefallen ist.

Fanja tröstet mich, ich habe sie richtig liebgewonnen, obwohl der Weg dorthin schwer war. Das ist verständlich, sie ist schon ein fast fertiger Mensch. Ein gutes Mädchen, viel besser als ich in ihrem Alter. Absolut ehrlich, nicht verdorben, was in diesem Alter häufig vorkommt. Hoffe daß wir immer zusammenbleiben.

7. November

Es ist viel passiert. Resümee: die Atombombe. Die Amerikaner wollen uns das Geheimnis nicht verraten. Kampf um den Balkan. Auf der ganzen Welt kleinliche Kämpfe. In Palästina Pogrome. In China eine kommunistische Regierung. Java wird bombadiert usw.

Gestern Rede von Molotow. Stalin war nicht auf dem Roten Platz. Molotow sprach von Atomenergie. Am 20. beginnt in Nürnberg der Prozeß. Alle fahren dorthin.

24. November

Prozeß in Nürnberg. Ilja ist offenbar dort.

Anhang

Anmerkungen

So habe ich gelebt

15 *Er war Sozialrevolutionär* – Politische Bewegung im vorrevolutionären Rußland. Im Unterschied zu marxistischen Positionen setzten die S. auf die Bauernschaft als revolutionäres Potential. Nach der Februarrevolution 1917 stärkste nichtkommunistische Gruppierung in der Konstituierenden Versammlung. Die S. wurden nach der Machtergreifung der Bolschewiki im Oktober 1917 verfolgt.

20 *wurde die Kosakenstanzia entkulakisiert* – 1928 auf Veranlassung von Stalin eingeleiteter Prozeß der Enteignung und Verbannung der sogenannten Kulaken. (*Kulak:* russ. Faust. Ursprüngl. Bezeichnung für einen Dorfwucherer. Stalin benutzte den Begriff, um Mittel- und Großbauern im Zusammenhang mit der Kollektivierung ideologisch abzustempeln.)

25 *von der amerikanischen Organisation ARA* – In den zwanziger Jahren »Amerikanische Gesellschaft zur Hilfe für Rußland« (Amerikanskaja Assoziazija Pomoschtschi Rossii).

26 *arbeitete beim Torgsin* – In den zwanziger und dreißiger Jahren Devisenladen für Ausländer (magasin dlja torgowli s inostranzami).

29 *nach dem Dalton-Plan* – Schulreformversuch der amerikanischen Pädagogin Helen Parkhurst, durchgeführt seit 1920 in Dalton (USA). Der D. ersetzte den Klassenunterricht durch »freie« Arbeit der Schüler, die Lehrer fungierten lediglich als Berater.

30 *das ist die NÖP* – Neue Ökonomische Politik, wurde 1921 von Lenin eingeführt, um die durch den Krieg ruinierte Wirtschaft durch eine begrenzte Zulassung kapitalistischer Betriebsführung und des Privathandels zu beleben. Sie wurde nie offiziell aufgehoben, aber de facto durch die Kollektivierung und willkürliche Unterdrückung des Bauerntums und Privatunternehmertums in den frühen dreißiger Jahren endgültig beseitigt.

32 *Iswestija* – (Nachrichten der Sowjets der Werktätigendeputierten), Zentrale Tageszeitung der Regierung, gegründet 1917 in St. Petersburg.

41 *vor dem XX. Parteitag* – Parteitag der KPdSU 1956, der mit der Geheimrede Chruschtschows die Entstalinisierung einleitete.

48 *An den Revolutionsfeiertagen* – Gemeint sind die Feierlichkeiten zum Jahrestag der Oktoberrevolution 1917.

50 *Literaturnaja gaseta* – (Literaturzeitung), seit 1929 erscheinendes Organ des sowj. Schriftstellerverbandes.

61 *Bucharin-Prozeß* – Nikolai Bucharin wurde 1937 verhaftet und im dritten Moskauer Schauprozeß gegen den sogenannten Block der Rechten und Trotzkisten im März 1938 zum Tode verurteilt und hingerichtet.

66 *an den Wald* – Berühmte Meyerhold-Inszenierung des Stückes von Alexander Ostrowski (1823–1886).

NKWD – Volkskommissariat für innere Angelegenheiten (Narodny komissariat wnutrennich del), Vorläufer des KGB.

68 *Wie bei Ruslan und Ludmila* – Märchenpoem von Alexander Puschkin (1799–1837).

Tohuwabohu statt Musik – Dieser Artikel, der zur Absetzung der Oper *Lady Macbeth von Mzensk* von Schostakowitsch führte, erschien am 28. Februar 1936 in der *Prawda.*

als die RAPP-Leute verhaftet wurden – RAPP: von 1928 bis 1932 Russische Assoziation Proletarischer Schriftsteller (Rossijskaja Assoziazija Proletarskich Pissatelej).

69 *Krasnaja swesda* – (Roter Stern), seit 1924 Organ des Ministeriums der Streitkräfte der UdSSR.

76 *während der Kosmopolitismus-Kampagne* – Kosmopolitismus, 1947 eingeführter Begriff zur Diffamierung einer positiven Einstellung gegenüber westlichen Kultureinflüssen. Unter dem Schlagwort »Kampf gegen den K.« waren u. a. die Literatur- und Geisteswissenschaften Opfer der Kampagne; sie betraf vor allem jüdische Intellektuelle.

77 *Komsomolskaja prawda* – (Komsomol-Wahrheit), seit 1925 Zeitung des sowj. Kommunistischen Jugendverbandes.

78 *Sowinformbüro* – Sow. Nachrichtenbüro (Sowjetskoje informazionnoje bjuro).

85 *Bandera-Leute* – Ukrainische Nationalisten und Antisemiten während des Zweiten Weltkriegs.

93 *Pamjat* – (Erinnerung, Gedächtnis), rechtsextreme, chauvinistische, antisemitische Organisation, seit Ende der 80er Jahre in Rußland aktiv.

112 *Moskowskije nowosti* – (Moskauer Nachrichten), wichtige Wochenzeitung der Perestroika-Periode, die auch heute noch verlegt wird.

113 *in der Art des Tatlin-Turms* – »Turm der III. Internationale«, der als Entwurf und Modell von dem russ. konstruktivistischen Maler und Formgestalter Wladimir Tatlin (1885–1953) geschaffen wurde.

die Grünen – Urspr. Wehrpflichtige, die vor der Zwangsmobilisierung durch die Weiße Armee in die Wälder und Berge flüchteten, eigene Partisanenabteilungen zur Selbstverteidigung gründeten und teilweise mit roten Partisanen zusammenarbeiteten; 1918–1920 im Kaukasusgebiet und auf der Krim eine Massenerscheinung.

Mein Kriegstagebuch

117 *Gerüchte über die Kiewer Armee* – I. E.s Mann, Boris Lapin, war Korrespondent in der Kiewer Armee, die 1941 von den Deutschen eingekesselt wurde.

118 *Anläßlich des 7. Novembers* – Am 7. November 1917 (25. Oktober alten Stils) begann die Oktoberrevolution.

119 *über Serjoschas Grab* – Gemeint ist das Grab von I. E.s Bruder Serjoscha in Feodossija auf der Krim.

Sie reden über die Prozesse – Gemeint sind die Moskauer Schauprozesse von 1937 und 1938.

Wir saßen in der Hausverwaltung – Während des Krieges wurden den Sowjetbürgern private Radioempfänger abgenommen, man konnte nur an zentraler Stelle Sendungen hören.

121 *Papa* – Gemeint ist Tichon Sorokin, I. E.s Stiefvater.

124 *der Berechtigungsschein weggenommen* – Verpflegungsschein für Frauen, deren Männer an der Front waren.

131 *Jeschowschtschina* – Terrorherrschaft unter dem Volkskommissar für Inneres, Nikolai Iwanowitsch Jeschow (1884–1939).

auf dem Nowodewitschje-Friedhof – Moskauer Friedhof bei dem Neuen Jungfrauenkloster, auf dem u. a. Tschechow, Gogol, Chruschtschow begraben sind.

138 *Rede Stalins* – Rede am Vorabend des Feiertages der Oktoberrevolution.

140 *Wir vernichten den Feind* – Sowj. Armeezeitung mit dem russ. Titel *Unitschtoschim wraga*, Redaktionsmitglieder waren meist Juden, wurde 1943 verboten.

150 *Komsomolka* – Umgangssprachliche Bezeichnung für die Zeitung *Komsomolskaja prawda* (Komsomol-Wahrheit).

155 *WOKS* – 1925–1958 Allunionsgesellschaft für kulturelle Verbindung mit dem Ausland (Wsesojusnoje obschtschestwo kulturnoi swjasi s sagranizej).

161 *Maquis-Einheit* – Einheit der französischen Widerstandsbewegung.

163 *Wir haben unsere Radios wieder* – Gegen Ende des Krieges wurden die privaten Radioempfänger, die zu Kriegsanfang eingezogen wurden, wieder an die Bevölkerung ausgeteilt.

163 *»Genosse Ehrenburg vereinfacht«* – Ehrenburg wird im *Prawda*-Artikel vom 14. April 1945 vorgeworfen, daß er angeblich nicht zwischen Deutschen und Faschisten differenziert habe. Jüngste Archivfunde beweisen, daß Ehrenburg gegen Übergriffe von Rotarmisten in Ostpreußen Stellung bezogen hatte und daraufhin der Verleumdung der Roten Armee beschuldigt wurde. Stalin ließ Ehrenburg durch den *Prawda*-Artikel ausschalten und signalisierte damit angesichts der Goebbels-Propaganda, die Ehrenburg als Hauptfeind Nr. 1 gebrandmarkt hatte, daß die Sowjetunion keine Rache am deutschen Volk üben werde.
Es geht wieder los – Ilja Ehrenburg fiel mehrere Male in Ungnade, u. a. auch gegen Ende des Krieges.

Personenverzeichnis

Achmatowa, Anna Andrejewna (eigentl. Gorenko, 1889–1966), russ. Lyrikerin.

Afinogenow, Alexander Nikolajewitsch (1904–1941), russ. Dramatiker; Sekretär der Theatersektion der RAPP.

Aliger, Margarita Issifowna (1915–1992), russ. Lyrikerin.

Altman, Iogan Lwowitsch, russ. Theaterkritiker; Mitglied des Jüdischen Antifaschistischen Komitees (JAK); wurde ab 1949, während der Kosmopolitismus-Kampagne, verfolgt, nicht mehr gedruckt und durfte nicht mehr auftreten. 1950 Parteiausschluß. Sein alter Freund und Kampfgenosse Alexander Fadejew schloß ihn im selben Jahr aus dem Schriftstellerverband aus. A. starb auf der Ausschlußversammlung an einem Herzinfarkt.

Andronikow, Irakli Luarsabowitsch (eigentl. Andronikaschwili, 1908–1990), russ. Schriftsteller, Literaturwissenschaftler und Schauspieler; Staatspreisträger.

Awerbach, Leopold Leonidowitsch (1903–1939), russ. Literaturkritiker und -funktionär; Generalsekretär der RAPP, Vulgärmarxist. 1937 verhaftet, 1939 erschossen.

Babel, Isaak Emmanuilowitsch (1894–1941), russ. Schriftsteller; 1939 verhaftet, 1941 erschossen.

Beneš, Edvard (1884–1948), bildete 1940 die tschechoslowakische Exilregierung in London, schloß 1943 mit der UdSSR einen Freundschafts- und Beistandspakt ab.

Bergelson, David Rafailowitsch (1884–1952), sowj. Schriftsteller, der vor allem auf jiddisch veröffentlichte; 1949 während der Kosmopolitismus-Kampagne verhaftet, 1952 ermordet.

Bidault, Georges (1899–1983), frz. Politiker; 1943 Vorsitzender des Nationalrates der Résistance, seit 1944 wiederholt im Ministeramt.

Borja, s. Boris Lapin

Bucharin, Nikolai Iwanowitsch (1888–1938), sowj. Politiker und Theoretiker; bedeutender marxistischer Nationalökonom. Bekämpfte 1925–1927 gemeinsam mit Stalin die linke Opposition; wurde 1929 als Rechtsabweichler seiner Funktionen enthoben, später Chefredakteur der Iswestija. 1937 verhaftet, im dritten Moskauer Schauprozeß zum Tode verurteilt und hingerichtet, 1988 rehabilitiert.

Chazrewin, Sachar, russ. Lyriker; Freund von Boris Lapin.

Chruschtschow, Nikita Sergejewitsch (1894–1971), 1953–1964 Erster Sekretär des ZK der KPdSU, leitete mit dem XX. Parteitag 1956 die Entstalinisierung ein.

Duncan, Isadora (1878–1927), amerik. Tänzerin; lebte von 1921–1924 in der UdSSR, war mit dem Lyriker Sergej Jessenin verheiratet.

Ehrenburg, Ilja (1891–1967), russ. Schriftsteller; Vater von I. E.

Eisenstein, Sergej Michailowitsch (1898–1948), russ. Filmregisseur.

Fadejew, Alexander Alexandrowitsch (1901–1956), russ. Schriftsteller; 1939–1944 Sekretär des Schriftstellerverbandes der UdSSR, 1946 bis 1954 Generalsekretär des Verbandes. Beging 1956 Selbstmord.

Falk, Robert Rafailowitsch (1886–1958), russ. Maler und Grafiker; Freund Ilja Ehrenburgs.

Fradkin, Ilja Moissejewitsch (1914–1993), russ. Brecht-Herausgeber und -Forscher.

Gábor, Andor (1884–1953), ungar. Dramatiker, Lyriker, Satiriker; lebte von 1933–1945 in der UdSSR.

Gabrilowitsch, Jewgeni Iossifowitsch (1899–1993), russ. Drehbuchautor.

Gabrilowitsch, Nina, Frau von Jewgeni Gabrilowitsch.

Gogol, Nikolai Wassiljewitsch (1809–1852), russ. Schriftsteller.

Grossman, Wassili Semjonowitsch (1905–1964), russ. Schriftsteller; Kriegsberichterstatter während des Zweiten Weltkrieges; Freund von Ilja Ehrenburg.

Gumiljow, Nikolai Stepanowitsch (1886–1921), russ. Lyriker; wurde 1921 als angeblicher »weißer Verschwörer« hingerichtet. Mann von Anna Achmatowa.

Ibárruri, Dolores (1895–1989), spanische Arbeiterführerin; Vorsitzende der kommunistischen Partei Spaniens.

Ilja s. Ilja Ehrenburg

Inber, Vera Michailowna (1890–1972), russ. Lyrikerin.

Kaganowitsch, Lasar Moissejewitsch (1893–1991), sowj. Politiker; 1924 bis 1957 Mitglied des ZK der KPdSU, 1935–1953 Volkskommissar in verschiedenen Ressorts, 1957 unter Chruschtschow aller Ämter enthoben.

Kalinin, Michail Iwanowitsch (1875–1946), 1938–1946 Vorsitzender des Obersten Sowjets der UdSSR.

Kamenew, Lew Borissowitsch (eigentl. Rosenfeld, 1883–1936), bolschewistischer Spitzenfunktionär; nach Lenins Tod mit Sinowjew und Stalin Mitglied der Führungstroika und literarischer Nachlaßverwalter Lenins; 1927 Parteiausschluß. Im ersten Moskauer Prozeß 1936 als angeblicher Kirow-Mörder zum Tode verurteilt und hingerichtet.

Kamenewa, Olga (1883–1941), Frau von Kamenew, Schwester Leo Trotzkis.

Katajew, Valentin Petrowitsch (1897–1986), russ. Schriftsteller und Dramatiker.

Katschalow, W. I. (eigentl. Schwerubowitsch, 1875–1948), Schauspieler am Moskauer Künstlertheater.

Kawerin, Wenjamin Alexandrowitsch (eigentl. Siber, 1902–1989), russ. Schriftsteller.

Kolzow, Michail Jefimowitsch (eigentl. Fridland, 1898–1942), führender Parteijournalist; Reporter im spanischen Bürgerkrieg. 1938 verhaftet, 1940 erschossen.

Kosmodemjanskaja, Soja – sowj. Partisanin; zündete 1941 ein russ. Dorf an, damit es den Deutschen nicht in die Hände fiel; von den Deutschen gehängt.

Krestinski, Nikolai Nikolajewitsch (1883–1938), sowj. Politiker und Ökonom; 1921–1923 Volkskommissar für Finanzen, 1921–1930 Leiter der sowj. Handelsvertretung in Berlin.

Krylow, Iwan Andrejewitsch (1769–1844), russ. Prosaiker und Dramatiker, bekannt vor allem durch seine Fabeln.

Lapin, Boris (1905–1941), russ. Prosaiker und Lyriker; heiratete 1934 I. E. Ab Juni 1941 als Korrespondent der Armeezeitung *Krasnaja swesda* an der Front; beging im September 1941 wahrscheinlich Selbstmord im Kessel von Kiew.

Laval, Pierre (1883–1945), frz. Politiker; nach der Kapitulation Frankreichs Vizepräsident und Ministerpräsident der profaschistischen Vichy-Regierung.

Leblanc, Robert, bekannter frz. Partisan.

Leonow, Leonid Maximowitsch (1899–1994), russ. Prosaiker und Dramatiker.

Leskow, Nikolai Semjonowitsch (1831–1895), russ. Schriftsteller.

Litwinow, Maxim Maximowitsch (1876–1952), sowj. Politiker; bis kurz vor der Bekanntgabe des Hitler-Stalin-Pakts stellv. sowj. Außenminister.

Ljuba – Ljubow Michailowna Ehrenburg, Frau von Ilja Ehrenburg und Stiefmutter von I. E.

Losowski, Solomon (1878–1952), sowj. Journalist; Leiter des Sowinformbüro, leitendes Mitglied des Jüdischen Antifaschistischen Komitees (JAK); während der Kosmopolitismus-Kampagne verhaftet und 1952 ermordet.

Maiski, Iwan Michailowitsch (1884–1975), 1932–1943 sowj. Botschafter in London, 1943–1946 stellv. sowj. Außenminister.

Mandelstam, Ossip Emiljewitsch (1891–1938), russ. Lyriker und Prosaiker; 1934 erstmals verhaftet, 1838 erneut inhaftiert, kam in der Haft ums Leben.

Mandelstam, Nadeschda Jakowlewna (1899–1982) russ. Schriftstellerin, bekannt vor allem durch ihre Memoiren, Frau Ossip Mandelstams.

Marschak, Samuil Jakowlewitsch (1887–1964), russ. Lyriker und Dramatiker, vor allem bekannt durch seine Kindergedichte.

Marti, Leiter des frz. Senders in der Sowjetunion während des Zweiten Weltkrieges.
Maurois, André (1885–1967), frz. Schriftsteller.
Meyerhold, Wsewolod Emiljewitsch (1874–1940), russ. Regisseur und Schauspieler; gründete 1920 in Moskau sein Theater, das 1938 wegen »Formalismus« geschlossen wurde. 1939 verhaftet, 1940 erschossen.
Molotow, Wjatscheslaw Michailowitsch (eigentl. Skrjabin, 1890–1986), 1939–1949 sowj. Außenminister; einer der engsten Mitarbeiter Stalins.
Natascha, I. E.s Schwester Natalja Sorokina.
Nizan, Paul (1885–1967), frz. Schriftsteller.
Olescha, Juri Karlowitsch (1899–1960), russ. Prosaiker, Dramatiker und Essayist.
Osmjorkin, russ. Maler; Pädagoge am Surikow-Kunstinstitut in Moskau.
Pasternak, Boris Leonidowitsch (1890–1960), russ. Lyriker, Prosaiker und Übersetzer.
Pétain, Henri Philippe (1856–1951), frz. Marschall und Politiker; 1940 bis 1944 Staatschef der profaschistischen Vichy-Regierung.
Petrow, Jewgeni (eigentl. Jewgeni Petrowitsch Katajew, 1903–1942), russ. Satiriker.
Pyrjew, I. A. (1901–1968), russ. Filmregisseur.
Reich, Sinaida (1894–1939), russ. Schauspielerin; Gefährtin von Meyerhold. 1939 vom NKWD ermordet.
Schklowski, Viktor Borissowitsch (1893–1984), russ. Schriftsteller und Literaturwissenschaftler.
Scholochow, Michail Alexandrowitsch (1905–1984), russ. Schriftsteller und Literaturfunktionär.
Schostakowitsch, Dmitri Dmitrijewitsch (1906–1975), russ. Komponist und Pianist. Seine Oper *Lady Macbeth von Mzensk* (1934) wurde in dem von I. E. erwähnten *Prawda*-Artikel scharf kritisiert und anschließend abgesetzt.
Schukow, Georgi Konstantinowitsch (1896–1974), seit 1943 Marschall der Sowjetunion, 1941–1945 Frontoberbefehlshaber und Stellvertreter des Oberkommandierenden.
Sejfullina, Lidija Nikolajewna (1889–1954), russ. Schriftstellerin.
Simonow, Konstantin Michailowitsch (1915–1979), russ. Prosaiker, Dramatiker und Lyriker.
Sorokin, Sergej (1920–1936), I. E.s Bruder.
Sorokin, Tichon (1874–1959), I. E.s Stiefvater.
Sorokina, Katharina (1889–1977), I. E.s Mutter.
Sorokina, Natalja (1918–1991), I. E.s Schwester.
Stil, André (geb. 1921), frz. Schriftsteller und Journalist.

Stoljarowa, Natalja, Freundin I. E.s; wurde 1938, nachdem sie von Frankreich in die Sowjetunion übergesiedelt war, verhaftet und zu 20 Jahren Lagerhaft verurteilt.

Suworow, Alexander Wassiljewitsch (1729–1800), russ.Feldherr.

Tabidse, Tizian (1895–1937), georg. Lyriker; beging 1937 Selbstmord.

Tichonow, Nikolai Semjonowitsch (1896–1979), russ. Lyriker und Literaturfunktionär.

Tschuka, I. E.s Hund.

Tolstoi, Alexej Nikolajewitsch (1883–1945), russ. Prosaiker und Dramatiker.

Tolstoi, Lew Nikolajewitsch (1828–1910), russ. Schriftsteller.

Tuchatschewski, Michail (1893–1937), führender Revolutionsgeneral; 1934 stellv. Volkskommissar für Verteidigung, seit 1935 Marschall der Sowjetunion; 1937 wegen angeblichen Hochverrats vor Gericht gestellt und zum Tode verurteilt, 1956 rehabilitiert.

Tyschler, Alexander Grigorjewitsch (1898–1980), russ. Bühnenbildner, Maler und Grafiker.

Ugoljok, I. E.s Hund.

Ulanowa,Galina (geb. 1910), Primaballerina am Bolschoi-Theater.

Vercors, Jean (1902–1991), führender Vertreter der frz. Résistanceliteratur.

Woloschin, Maximilian Alexandrowitsch (1878–1932), russ. Lyriker; in seinem Haus am Schwarzen Meer beherbergte er im Sommer Schriftsteller und Künstler, auch nach seinem Tod wurde das Haus vom sowj. Schriftstellerverband als Erholungsstätte genutzt.

Wyschinski, Andrej Januarjewitsch (1883–1954), 1935–1939 Generalstaatsanwalt der UdSSR.

Zwetajewa, Marina Alexandrowna (1892–1941), russ. Lyrikerin.

Viktor Jerofejew

Das Jüngste Gericht

Roman. 394 Seiten. Übersetzt von Beate Rausch

„Eine Mischung aus Rabelais und Sterne, Jean Paul und Joyce, Miller und de Sade. Der Roman legt eine furiose Apokalypse gegen Ende des Jahrhunderts vor."

Süddeutscher Rundfunk

Viktor Jerofejew (Hg.)

Tigerliebe

Russische Erzähler am Ende des 20. Jahrhunderts

Eine Anthologie

400 Seiten. Übersetzt von Beate Rausch u. a.

„Es ist ein kühner Bogen, den Jerofejew schlägt. Es ist aber auch ein Bogen, der vor allem eines deutlich macht: Die russischen Autoren sind auf der Suche nach einem Zeichensystem, das nach dem Zusammenbruch aller Werte am Ende des 20. Jahrhunderts neuen Sinn stiften könnte."

Neue Zürcher Zeitung